신앙 22°

멈추어 성찰하고, 하나님 안에서 견고해지는 믿음의 온도

신앙 22°

초판 1쇄 인쇄 2025년 08월 20일
초판 1쇄 발행 2025년 08월 25일

지은이 신현국
펴낸이 백유창
펴낸곳 도서출판 세움과비움
유 통 도서출판 더 테라스

신고번호 제2016-000191호
주 소 서울 마포구 양화로길 73 체리스빌딩 6층
Tel. 070-8862-5683
Fax. 02-6442-0423
E.mail seumbium@naver.com

이 책은 저작권법에 의해 보호를 받는 저작물이므로 무단전재 및 복제를 금합니다.
잘못 만들어진 책은 구입하신 서점에서 바꾸실 수 있습니다.

ISBN 979-11-988250-4-9 03200

값 15,000원

도서출판 세움과비움은 도서출판 더 테라스의 기독교, 문학 브랜드입니다.

신앙 22°

멈추어 성찰하고, 하나님 안에서 견고해지는 믿음의 온도

"신앙22°, 그 당연한 기준 앞에 선다는 건, 마음의 허기를 진실로 마주하는 일이다."
"피하고 싶던 내면을 들여다보며, 삶의 본질을 다시 끌어내는 시간이다."

저자 신현국

추천사 • 6
나는 이런 마음으로 이 책을 썼다? • 14
프롤로그 거울 앞에 선다는 것 • 20
들어가기 전에 • 30
이 책을 어떻게 활용하면 좋을까? • 31

① 질문할 용기, 고백할 믿음 • 33

② 말은 남고 본질은 잃어가는 교회 • 45

③ 신앙은 여정이다 • 57

④ 진실함의 자리 _ 하나님 앞에서, 사람 앞에서 • 66

⑤ 머물 수 있는 교회 _ 존재를 환대하는 공간 • 78

⑥ 흘러가는 믿음 _ 하나님 나라를 드러내는 삶 • 93

contents

⑦ 공감의 신앙 _ 함께 아파하는 교회 • 102

⑧ 은혜의 시선 _ 있는 그대로 바라보는 믿음 • 112

⑨ 광야에 선 신앙 _ 삶으로 드러나는 복음 • 124

⑩ 다시, 거울 앞에 서다 _ 성찰에서 실천으로 • 136

Ⓐ 현실에 응답할 수 있는 신앙의 새 길 _ 왜 사후비평적 성찰인가? • 152

Ⓑ 공동체 적용 가이드 및 워크북 사용 안내 • 167

에필로그 거울 앞에 선 당신에게 • 204

추천사

이희철 교수 (서울신학대학교 상담대학원장)

요사이 커피숍이나 지하철에서 성경을 읽는 사람들을 보기 어렵습니다. 그만큼 기독교인이 감소하기도 했고 기독교인으로서 자신을 자랑스럽지 않기 때문일 수도 있습니다. 기독교인이라는 모습이 부끄러워지지 않으려면 어떻게 해야 할까요? 사회에서 기독교인으로서 어떻게 살아가야 할까요? 이러한 질문에 관심을 가지고 고민하는 목회자와 평신도 지도자라면 반드시 이 책을 읽어야 합니다. 간략하게 세 가지 이유를 들면서 추천합니다.

첫째로 교회 장로이자 중소기업 사업가로서 쌓은 경험을 돌아보면서 인간의 내면적 갈등과 교회의 책임을 고민하고 솔직하게 이야기하는 책입니다. 이 책은 읽기 쉬워 단숨에 읽어버릴 수 있지만 여운이 남는 책입니다. 책을 덮은 후에도 생각하고 느끼게 하는 책입니다.

둘째로 인간의 마음을 치유하는 새로운 방법을 제시하고 있기 때문입니다. 이 책에서 신현국 박사님은 인간의 마음, 사회적 현실, 창조 원리를 연결하여 이해하는 '사후비평적 성찰'을 제시하고 있습니다. 인간 마음을 치유하는 수많은 방법이 있지만 심리 내면에만 치우치거나, 사회적 현실을 탓하거나, 하나님의 창조 원리를 인간 중심적으로 왜곡하는 경향이 있습니다. 그러나 이 책을 읽으면 인간의 마음을 새롭게 이해할 수 있고 새롭고 획기적인 치유 방법을 알게 됩니다.

셋째로 이 책에서 기독교인이 세속인과 함께 세속생활을 하면서도 세속화되지 않고 기독교인으로서 살아가는 방법을 제시하고 있기 때문입니다. 세속사회에 살면서도 완전히 차단된 생활이 기독교인의 삶일 수 없고, 그렇다고 세속사회에 흡수되어 세속적으로만 살아간다면 기독교인으로 살아가는 모습이 아닐 것입니다.

신현국 박사님은 이 책에서 '신앙이 현실을 외면했던 방식'을 회개하며 '신앙이 현실에 응답할 수 있는 새 길'을 여는 과정을 제시하고 있습니다. 과거를 미화하거나 현재를 정당화하지 않고 "지금 여기에 계신 하나님은 누구와 함께 계신가?"라고 묻는 방법을 제시하고 있습니다.

황규진 목사 (기독교대한감리회 중부연회 감독)

저자인 신현국 장로는 젊었을 때 예수님을 만났고 예수님을 만난 사람으로 살아가고자 몸부림치며 지금까지 살아왔습니다. 감리교회의 장로가 된 후 늦은 나이에 공부를 시작하고 책까지 집필한 신현국 장로의 발걸음을 저도 깊이 응원합니다. 무엇보다 치열한 삶의 현장에서 중소기업을 운영하며, 장로로서 교회를 섬기고 신앙인으로 고뇌하며 살아가는 그가 다시 신학교에서 상담심리학을 공부한 이유는 단순한 지적 열정이 아니었습니다. 그 여정에는 무뎌진 신앙의 감각을 다시 깨우고, 삶으로 믿음을 살아내려는 간절한 갈망이 담겨 있습니다.

『신앙 22도』는 그런 그의 내면에서 오랫동안 숙성된 질문에서 시작된 책입니다.

우리는 종종 익숙한 '22도'라는 고정된 온도 속에 신앙의 열정도, 눈물도, 생명력도 놓친 채 살아가기도 합니다. 이 책은 그런 미지근함을 책망하기보다, 각 사람 안에 하나님께서 주신 고유한 온도와 진정성을 회복하도록 '사후비평적 성찰'이라는 신학적 도구를 통해 조용하지만 깊은 울림을 전합니다.

더 감동적인 것은, 이 성찰이 혼자만의 사유에 그치지 않고, 믿음의 동료들과 다음 세대와 함께 실천하며 나누고자 하는 여정이라는 점입니다. 신현국 장로는 이 책을 통해 우리 모두가 다시 신앙의 에너지를 끌어내고, 하나님 안에서 살아 있는 믿음을 회복하기를 간절히 바라고 있습니다.

저는 이 책이 오늘날 기성 교인들에게는 신앙의 방향을 되묻는 자극이자 은혜로, 그리고 미래 교회를 세워갈 세대에게는 신앙이 여전히 살아있는 생명의 길임을 일깨워 주는 이정표가 되리라 믿습니다. 그러기에 이 책을 모든 그리스도인들에게, 특별히 교회 지도자들과 장로님들 그리고 다음 세대의 리더들에게 자신 있게 추천합니다. 감사합니다.

이민재 목사 (부천제일교회 담임목사)

신앙이 익숙함에 길들여진 이 시대에, 다시금 하나님 앞에 서게 하는 책입니다.

신현국 장로님은 신앙의 본질을 향한 갈망을 '사후비평적 성찰'이라는 도구로 풀어내며, 이 책을 통해 우리 모두가 삶으로 믿음을 살아내는 길을 다시 묻게 합니다.

오랫동안 한 교회에서 신앙생활을 해온 장로로서, 그리고 치열한 현장에서 사업을 운영하는 신앙인으로서 저자가 품어온 "왜 많은 사람들이 오랜 신앙생활 속에서도 진정한 기쁨과 행복을 누리지 못하는가?"라는 질문은, 오늘 우리 모두가 마주해야 할 절실한 고민입니다.

특히 감동적인 것은 이 책이 단순한 이론서에 머물지 않는다는 점입니다. 소그룹과 선교회 모임에서 실제로 활용할 수 있는 구체적인 워크북과 실천 가이드를 함께 담아, 교회 현장에서 바로 적용할 수 있는 매우 귀한 자료가 되었습니다.

경청하고, 괄호로 묶고, 다시 바라보고, 실천하고, 또 성찰하는 사후비평적 성찰의 과정은 개인의 신앙 성숙뿐만 아니라 공동체의 건강한 회복을 위한 실용적 도구로 충분히 활용될 것입니다.

한국교회의 목회자와 성도들이 이 책을 널리 읽고 나눌 수 있다면, 신앙이 형식에 머무는 것이 아니라 따뜻한 삶의 에너지로 회복되는 은혜가 있을 것이라 확신합니다. 저는 이 책을 모든 교회 리더들과 성도들, 그리고 다음 세대를 고민하는 목회자들에게 기쁘게, 그리고 자신 있게 추천합니다.

류호승 장로 (원로장로회 중부연회연합회장)

오랜 해외 선교 현장에서 다양한 문화와 신앙의 모습들을 목격하며, 진정한 믿음이 무엇인지에 대해 끊임없이 고민해 왔습니다.

이 책은 교회를 더욱 건강하게 세우고자 하는 신앙적 사랑이 담긴 성찰의 결과물입니다. 저자의 깊이 있는 통찰과 따뜻한 시선이 우리의 신앙을 돌아보게 합니다.

모든 교회 지도자들과 성도들이 이 책을 통해 하나님이 원하시는 참된 공동체의 모습을 새롭게 발견하기를 소망합니다. 진정한 믿음의 회복을 위해 애쓰시는 저자에게 감사드리며, 이 책이 한국 교회에 귀한 선물이 되기를 기대합니다.

성형동 장로 (지구촌교회 장로)

『신앙 22도』는 옛날 어머님의 손길처럼 갈급한 내 심령을 따뜻하게 어루만져 준 성찰의 감자탕을 맛보게 해주셔서 감사합니다. 진솔한 친구의 신앙 이야기가 전해주는 감동은, 주일 온종일 분주하게 보내고 저녁에 지친 영혼을 이끌고 돌아오는 습관적인 나의 신앙생활을 괄호치게 하였고, 참된 충만함이 무엇인지 다시 돌아보게 하는 계기가 되었습니다.

이 책은 내가 그동안 소홀히 하거나 침묵해 온 공동체 안의 돌봄 대상들과 그들에 대한 진정한 공감을 위한 노력이 하나님과의 관계 안에서 어떻게 이루어져야 하는지를 되새기게 합니다. 오늘도 신앙적 성찰을 위해 부단히 노력하며 신앙과 삶에 대해 깊이 고민하는 신현국 박사님을 곁에서 응원하며, 이 귀한 책의 발간을 진심으로 축하합니다.

박영주 장로 (남선교회 중부연회연합회장)

우리는 신앙의 열정이 서서히 식어가고, 삶이 습관처럼 굳어져 가는 시대를 살아가고 있습니다. 이 책은 그런 시대 속에서 '성령의 온도'를 다시 묻는 용기 있는 외침입니다.

저자는 "신앙은 말이 아니라 삶으로 증명되어야 하며, 그 삶은 반드시 성찰을 통해 더욱 견고해져야 한다"라는 고백을 전합니다. 그 고백은 오랜 신앙의 여정을 걸어온 우리 모두에게 깊은 울림을 줍니다.

'22도'라는 상징과 '사후비평적 성찰'이라는 도전은 단순한 이론을 넘어, 신앙을 다시 삶의 자리에서 실천하고자 하는 모든 이들에게 거울이자 등불이 될 것입니다.

이 책을 통해 우리의 신앙이 형식을 넘어, 하나님의 생명력으로 회복되기를 소망하며 기쁜 마음으로 추천합니다.

조구연 장로 (장로회 중부연회연합회 총무)

『신앙 22도』는 지금까지 우리의 경직된 신앙생활을 뒤돌아보고 스스로 자신을 성찰하며, 현시대에 맞는 신앙인의 자세에 대해 많은 것을 느끼고 깨닫게 하는 신앙의 지침서입니다.

이 책을 통해 교회들이 나아갈 방향을 새롭게 설정하고, 신앙인들이 믿음을 뒤돌아보며 회복할 수 있기를 기도하며 적극 추천합니다.

박효진 (더채움교육 대표)

이 책은 '경건 훈련은 모든 면에 유익하니 현재와 미래의 생명을 약속해 준다'(딤전 4:8)라는 성경 말씀처럼, 삶과 신앙을 다시 성찰하게 해주는 살아 있는 거울입니다.

'망령되고 허탄한 신화를 버리고 경건에 이르도록 네 자신을 연단하라'(딤전 4:7)라는 말씀을 삶으로 실천하며, 우리 모두가 진정한 경건의 길로 나아가도록 이끌어주는 장로님의 신앙 여정과 이 책의 깊은 메시지를 진심으로 응원하며 강력히 추천합니다.

윤영선 박사 (메타실존치료 연구소장)

'사후비평적 성찰'은 신앙을 깊게 하고 삶에 새 숨을 불어넣는 강력한 도구입니다. 『신앙 22도』는 그 성찰의 힘을 생생하게 보여주는 귀한 책입니다. 이 책은 익숙함에 안주하며 형식화된 믿음을 날카롭게 깨우고, 우리를 다시 살아 있고 역동적인 신앙으로 이끕니다.

『신앙 22도』는 사후비평적 성찰을 통해 신앙의 깊이를 더하고 싶은 모든 그리스도인과 교회 지도자들에게 기쁜 마음으로 강추합니다.

김영미 박사 (한국브릿지심리상담센터 대표)

『신앙 22도』는 '사후비평적 성찰'이라는 깊이 있는 도구를 통해, 많은 그리스도인들이 진정한 행복을 회복하고 그 신앙의 생명력이 교회를 변화시키며, 나아가 사회에 선한 문화를 이끌어가는 아름다운 공동체의 모습으로 연결되기를 기대하게 하는 소중한 책입니다.

모든 그리스도인들이 이 책을 읽고 신앙의 열정과 사랑이 다시 피어나기를 소망합니다.

저는 이 귀한 통찰과 여정을 담아낸 신현국 박사의 『신앙 22도』를 기쁨과 확신을 담아 강력하게 추천합니다. 감사합니다.

강효진 박사 (도영 마음학교 대표)

신현국 박사님과 함께 아치 스미스의 『The Relational Self』를 번역하며, "이 깊은 통찰을 어떻게 신앙인들의 삶에 녹여낼 수 있을까?" 고민하던 시간이 엊그제 같습니다. 함께 질문하고 의견을 나누었던 그 진지한 고민과 열정이 이렇게 쉽고 따뜻한 언어로 담겨 한 권의 책으로 만나게 되어 참 기쁨입니다. 『신앙 22도』는 단순히 개인의 신앙 성장을 넘어, 건강하고 성숙한 신앙 공동체를 꿈꾸는 모든 이들에게 필요한 책입니다. 특히 교회 지도자들이 먼저 읽고 실천해야 할 귀한 지침서라고 확신합니다. 이 책을 통해 우리 교회들이 더욱 행복하고 성숙한 공동체로 거듭나는 변화의 시작점이 되기를 간절히 소망하며 기쁘게 추천합니다.

나는 이런 마음으로 이 책을 썼다

거울 앞에서 시작된 신앙 여정

나는 오랫동안 한 교회에서 신앙생활을 해온 장로이다. 예배의 형식도, 교회의 언어도 내게는 너무도 익숙했다. 그런데 어느 순간, 그 익숙함 속에서 질문이 피어나기 시작했다.
왜 많은 사람들이 오랜 신앙생활 속에서도 행복해 보이지 않을까? 기도도 하고, 말씀도 듣고 헌신도 한다. 그런데 왜 그들 사이엔 벽이 있고 그 마음엔 공허함이 남아 있는 걸까? 나는 교회보다 사람들이 좋았다. 교리와 장정보다는 사람의 이야기, 그 안의 눈물과 외로움 그리고 진심을 느끼고 싶었다.

이러한 갈등은 결국 나를 새로운 길로 이끌었다. 노년의 문턱에서 나는 다시 공부를 선택했다. 작은 중소기업을 운영하며 쉼 없이 달려온 내 삶 한가운데 "나는 무엇을 남길 수 있을까?" "어떤 신앙이 사람을 살릴 수 있을까?" 이러한 질문이 나를 상담심리를 공부하는 학교로 이끌었다.

상담을 배우는 일은 단지 기술을 익히는 것이 아니었다. 나를 다시 들여다보는 시간 그리고 누군가의 아픔 앞에 제대로 서는 법을 배우는 여정이었다. 모든 것이 낯설고 어렵고, 때론 외로웠지만 그 길은 내 신앙의 감각을 다시 살아나게 하는 시간이기도 했다.

그 여정은 결국 나를 목회상담을 전공하는 길로 이끌었고 목회신학자 아치 스미스의 『The Relational Self』를 번역하며 신앙과 인간, 관계와 회복에 대한 새로운 눈을 갖게 되었다. 이 책 안에서 나는 "사후비평적 성찰(Post-Critical Reflection)"이라는 개념을 만났고 이것이 단순한 반성의 방식이 아니라 교회를 살리고 교인들을 숨 쉬게 만들며 무너진 일상을 다시 일으키는 믿음의 여정임을 확신하게 되었다.

나는 학위논문을 통해 그 길을 연구했고 이제는 이 책을 통해 그 깨달음을 나누고 싶었다. 왜냐하면 나는 진심으로 사람 사이를 잇는 교회, 고통을 함께 지는 공동체를 좋아하기 때문이다.

현대 사회는 점점 개인을 고립시키고 교회는 고립된 사람들에게 위로가 되기는커녕 익명성과 침묵 속에 머물게 한다. 예배는 있지만 손을 맞잡는 자리는 없고, 기도는 있지만, 함께 우는 이가 없으며 교리는 있지만, 동행하는 발걸음은 없다.

이런 교회를 다시 살릴 수 있는 길은 사후비평적 성찰을 통해 다시 질문하고, 다시 대면하고, 다시 살아내는 길이다. 이것은 단순히 반성하는 것이 아니라 "지금 여기에서 하나님은 누구와 함께 계신가?"라고 묻는 작업이다.

나는 믿는다. 교회는 침묵하는 중립이 아니라 상처 사이에 다리를 놓는 참여자가 되어야 한다. 거리를 두는 회피가 아니라 마음을 맞대는 공감이다. 교회는 다시 사람과 사람을 잇는 관계망이 되어야 한다. 고통 속에 있는 이들과 함께 울고 하나님과 이웃 사이에서 대면할 수 있는 공간이 되어야 한다. 이 깊은 통찰은 아치 스미스의 저서 『The Relational Self』를 동료들과 함께 번역하며 내내 품었던 마음이다.

사회학자 피터 버거와 신학자 리차드 뉴하우스는 현대 사회를 "개인의 사생활과 국가의 공적 체계가 극단적으로 분리된 시대"라 보았다. 이 사이에서 사람들은 소속감을 잃고, 고립되고, 무력감을 느끼게 된다. 그들이 제안한 개념이 바로 "중재 구조(mediating structures)"이다.

"중재 구조란, 고립된 개인이 공공질서와 사회 구조에 참여할 수 있게 돕는 작은 공동체들이다." 그 중 대표적인 중재 구조가 교회이다. 그러나 오늘날 교회는 중재 구조로서의 기능을 잃어가고 있다.

예배는 있지만 관계는 없다.
기도는 있지만 공감은 없다.

교리는 있지만 삶은 없다.
고립된 개인이 교회에 와도 여전히 고립된 채로 예배를 마치고 돌아간다.

왜 그럴까? 교회가 공공의 언어를 잃었기 때문이다. 교회가 사회 속 실제 고통에 반응하지 않기 때문이다. 교회가 지배와 통제의 구조에 순응하고 있기 때문이다.

중재 구조로서 교회가 다시 회복되어야 할 세 가지 핵심 기능이 있다.
- 연결: 사람과 사람을 잇는 관계망, 교회는 고립된 개인들을 다시 공동체 안으로 초대해야 한다. 비슷한 처지, 상반된 상황을 가로지르는 만남의 장이어야 한다.
- 회복: 부서진 마음, 상처 입은 관계, 고장 난 인생들을 하나님의 사랑으로 감싸는 공간, 교회는 '해결'이 아니라 '회복'의 공간이 되어야 한다. 치유는 기적이 아니라 관계 안에서의 느린 동행이다.
- 대면성: 익명성과 무관심을 넘는 얼굴을 마주하는 신앙, 하나님과 대면하듯 이웃과도 대면할 수 있어야 한다. 진정한 변화는 대면 안에서 일어난다.

교회는 중립이 아니다. 교회는 중재다. 중립은 침묵과 회피이지만 중재는 참여와 선택이다. 교회는 고통당하는 자와 함께 아파야 한다. 교회는 개인과 사회를 연결하고 현실과 하나님 나라 사이를 중재하며 공허한 믿음과 살아 있는 신앙을 이어주는 중재자가 되어야 한다. 교회는 갈등의 한가운데에서 공감과 용서의 다리가 되어야 한다. 교회는 현실을 모르쇠 하지 않고 하나님의 정의와 자비로 개입해야 한다. 그럴 때 교회는 세상에서 다시 "하나님의 나라가 오고 있다"라는 징표가 된다.

   그래서 사후비평적 성찰은 교회에 묻는다. 사후비평적 성찰이란 과거를 반성하는 작업이 아니다. '신앙이 현실을 외면했던 방식'을 회개하며 신앙이 현실에 응답할 수 있는 새 길'을 여는 과정이다. 과거를 미화하거나 현재를 정당화하지 않고 "지금 여기에 계신 하나님은 누구와 함께 계신가?"라고 묻는 것이다.

   그 질문을 교회에 던질 때, 다음과 같은 고백이 나와야 한다.
"우리는 다시 사람을 잇는 교회가 되겠습니다."
"우리는 다시 고통을 함께 지는 교회가 되겠습니다."
"우리는 다시 예언자의 입이 되겠습니다."
이 고백에서 시작하는 작은 교회가 하나님 나라의 중재 구조로서의 희망이 될 것이다. "자기 구원에 머무르지 않고, 함께 사는 믿음으로" 중재해야 하지 않겠는가?

   이 책은 그 믿음의 노트이다. 정리되지 않았기에 더 진실한 삶과 신앙 사이에서 조심스럽게 써 내려간 이야기 그리고 그 모든 시작은 거울 앞에 다시 선 '나'였다.
"이 책은 이미 한 사람을 살렸다. 그건 바로 나 자신이다." 그래서 나는 이 성찰의 감자탕 한 그릇을, 또 다른 누군가의 거울이 되고, 눈물이 되고 돌아가는 길이 되기를 바라며 기꺼이 내어놓는다.

그리고 이 글을 써 내려오기까지 그 뜨거운 국물 옆을 함께 지켜준 이들이 있다.

늦깎이로 책상에 앉은 나를 끝까지 믿어주고 응원해 준 사랑하는 아내 유정숙 그리고 늘 따뜻한 시선으로 아빠를 지지해 준 사랑하는 두 딸 수영이와 수진이에게 전한다. 그리고 지금도 하늘에서 미소 지으며 보고 계실 부모님께 진심으로 이 감자탕 향기를 바친다. 무엇보다도 언제나 저의 빈틈이 무엇이든지 항상 채워주시는 나를 끔찍이도 사랑하시는 하나님 아버지께 모든 영광과 감사를 올려 드린다.

나는 이제 박사라는 이름보다 듣는 사람, 함께 걷는 사람이 되고 싶다. 상담실에서도, 강의실에서도, 교회 안에서도, 나는 그저 조용히 묻고, 듣고, 공감하고 그리고 함께 거울 앞에 서는 사람이 되고 싶다. 이 여정은 끝나지 않았다. 그리고 나는 여정 가운데 사후비평적 성찰을 실천하며 계속 써 내려갈 것이다.

프롤로그

거울 앞에 선다는 것

거울 앞에 서면 누구나 솔직해진다.
거울은 가리지 않고 내 모든 모습을 그대로 비춘다.
흠도, 상처도, 숨기고 싶은 진실도 모두 드러낸다.
신앙은 때때로 눈을 감는 것이 아니라 눈을 뜨는 일이다.
그리고 눈을 뜨고 제일 먼저 바라봐야 할 것은, 타인이 아니라 바로 '나'이다.

이 책은 그런 '거울 앞에 선' 신앙의 이야기다. 많은 신앙인들이 말한다. "나는 믿습니다." 그러나 그 말이 삶으로 반영되지 않을 때, 우리는 믿음보다 습관으로 살고 있는지도 모른다.

교회 공동체도 마찬가지다. 말은 무성한데 본이 사라지고 있는 신앙의 풍경속에서, 우리는 그 벌어진 틈을 살고 있다. 신앙도 그렇다. 거울 앞의 신앙은 화려한 말이나 외형으로는 감출 수 없다. 있는 그대로의 나를 마주한다.

우리는 오랫동안 신앙을 '정답'으로 여겨왔다. 믿음이란 명확하고 틀리지 않아야 한다는 압박 속에서 질문보다는 답을 찾아 헤맸고 의심보다는 확신을 강요받았다. 그러나 그 과정에서 우리는 삶과 신앙의 가장 깊은 본질을 놓쳐왔다. 삶이 변하지 않고 관계가 깊어지지 않는 믿음, 그저 입술로만 외치는 공허한 신앙에 지쳐가고 있었다.

이 책은 바로 그러한 지침과 답을 주려는 책이 아니다. 오히려 이 책은 질문을 던진다.
"당신은 누구인가?"
"당신의 믿음은 어디로 가고 있는가?"
"당신이 믿는 하나님은 당신에게 무엇을 기대하는가?"
이 질문들은 우리의 영혼을 두드리고, 거울 앞에서 우리를 멈추게 한다.

그리고 그 자리에서 우리는 우리의 가장 깊은 상처와 가장 간절한 소망을 마주하게 된다. 거울 앞에 선 신앙은 단지 개인적인 성찰에 머물지 않는다. 그 시선은 교회 공동체로도 향한다. 중요한 본질을 잃어버리고 있는 신앙의 풍경이 우리의 마음을 허기지게 한다.

'사후비평적 성찰'이라는 낯선 단어는 실은 너무나 익숙한 하나님의 요청이다. "당신의 자신을 거울 앞에 비추어 살펴보라" 이 책은 단지 신학적 해석이나 구조적 비평이 아니라 우리의 일상과 예배, 말과 행동, 질문과 침묵 속에서 '하나님의 마음을 어떻게 다시 회복할 것인가'를 묻는 여정이다. 거울은 꾸미는 도구가 아니라, 나를 비추는 도구이다. 이 책을 펼치는 당신이 스스로를 마주하며 하나님 앞에 다시 서고자 하는 마음이 있다면 이 여정은 이미 함께 시작된 것이다.

'지금 거울 앞에 함께 서겠습니다.' 이 고백은 공동체의 회복을 위한 출발점이다. 개인의 진솔한 성찰은 교회와 신앙공동체를 바꾸는 힘을 가진다. 우리 각자의 정서적, 심리적 상태와 신앙적 고민을 성찰하도록 돕는 동시에 공동체 안에서 서로의 이야기를 듣고 이해하는 힘을 길러준다. 이 책을 통해 여러분은 삶의 깊은 울림을 만나게 될 것으로 믿는다.

책 속의 이야기와 독자 성찰 가이드, 던진 질문들, 자신의 성찰을 돕는 성찰의 감자탕은 여러분의 내면 깊숙이 숨어있던 목마름을 위로하고 채워줄 것이다. 혼자가 아니라는 위안, 내가 느끼는 고민이 결코 사소하지 않다는 인정 그리고 하나님께서 우리를 여전히 사랑하고 함께 하신다는 따스한 확신을 얻게 될 것이다.

이 책을 통해 여러분의 신앙이 새롭게 태어나기를 소망한다. 믿음의 여정이 이제는 부담스러운 짐이 아니라 기쁨과 회복의 여정이 되기를 간절히 바란다. 여러분 각자의 삶에서 펼쳐지는 아름다운 이야기가 이 책을 통해 다시 쓰이기를 바란다.

이 책은 나의 신앙 여정을 고백하는 이야기이기도 하다. 나 역시 오랫동안 교회 안에서 지도자의 위치에서 '말'과 '모양'으로 신앙을 드러내 왔다. 그러나 언젠가부터 이 신앙이 나를 살게 하는지, 내 곁에 있는 사람들을 품을 수 있는지 의심하게 되었다. 이 책은 그런 저의 회복 여정이자 진실함을 향해 걸어가고자 하는 신앙인들과 나누는 따뜻한 동행이다. 혼자가 아닌 함께 걸어가는 신앙의 여정에 작은 등불이 되기를 소망한다.

책의 각 장은 사후비평적 성찰의 원리를 반영하는 '말'이 아닌 '삶'으로 복음을 살아내기 위한 실천 가이드를 담고 있다. 소그룹, 공동체, 교회 리더들, 가정은 물론 혼자만의 성찰 시간에도 함께 읽고, 함께 멈추고, 함께 걸어가기 위한 길잡이다. 마지막에 각 장의 내용에 맞춘 워크북을 부록으로 실어 독자가 자신의 삶 속에서 구체적으로 사후비평적 성찰을 실천할 수 있도록 도왔다. 또한 사후비평적 성찰이라는 개념이 낯선 독자들도 쉽게 이해하고 삶에 반영할 수 있도록 친절한 설명도 더했다.

이 책이 단지 '읽는 책'이 아니라 '삶에 스며드는 책'이 되기를 소망한다. 단 한 사람이라도 다시 거울 앞에 서기를 기도하며 이 글을 썼다. 비록 이 책이 완전하다거나 정답을 담고 있지는 않지만 그 안에 담긴 진심과 용기만은 분명하다. 삶을 복음 앞에 다시 비춰보려는 간절함, 그 마음으로 한 문장 한 문장을 적었다.

한 사람이라도, 이 책을 통해 다시 거울 앞에 서기를 바란다. 그리고 그 거울 너머에서 하나님의 눈동자와 마주하길 소망한다. 그 따뜻한 시선 안에서 다시 살아내고 싶은 신앙의 여정을 시작하길 기도한다. 함께 거울 앞에 서는 이 여정에 당신을 초대한다. 그곳에서 우리는 말이 아닌 삶으로 다시 복음을 살아낼 것이다.

"신앙이란 무엇인가?" 신앙은 단지 무엇을 믿느냐의 문제가 아니다.
어떻게 살아가느냐.
어떻게 사랑하느냐.
그리고 고통과 흔들림 앞에서 어떻게 질문하느냐의 문제이다. 즉 신앙은 "하나님을 도구화하지 않고 인격적으로 마주하는 용기"이다.

왜냐하면 신앙은 종교적 '기능'이 아니라 하나님과의 관계이고 그분 앞에서 나를 정직하게 직면하는 시간이며 나의 상처와 실패조차 감추지 않고 있는 모습 그대로 서는 태도이기 때문이다.

그래서 이 책은 설교가 끝난 다음, 질문이 시작되는 그 자리에서부터 출발한다.
나의 믿음은 지금, 어디에 머물러 있을까?
교회는 지금 성도의 마음을 경청하고 있는가?
성찰이 없는 신앙은 멈추고 질문이 살아 있는 신앙은 깊어진다. 이제 우리는 신앙을 가르치는 시대를 지나 함께 성찰하고 걸어가야 할 시대에서 있다. 이 책은 그 여정을 시작하려는 모든 이에게 드리는 따뜻한 초대이다.

누군가 말했다. "신앙은 믿음의 방식이 아니라, 이 땅을 살아가는 방식이다." 나는 이 말에 깊이 동의한다. 신앙은 단지 무엇을 믿는가에 대한 것이 아니라 그 믿음을 어떻게 살 것인가에 대한 실존적인 선택이다.

오래전 교회는 사람들의 굶주린 마음과 허기진 몸을 돌보는 역할을 했다. 공동체 안에서 나눔이 있었고 교회는 사람들의 가장 기본적인 욕구인 먹고 사는 문제라 할 수 있는 '생존'과 '안전'에 대해 관심을 가졌다. 그러나 지금은 시대가 바뀌었다.

사람들은 더는 쌀과 라면이 아니라 이해받고 싶은 마음, 무시당하지 않을 권리, 사랑받을 수 있다는 확신을 갈망한다. 하지만 교회는 여전히 먹고 사는 문제를 해결하던 시절의 방식을 붙들고 있다. 설교는 곧장 영적인 영역으로 뛰어오르고 정작 마음의 결핍, 관계의 상처, 심리적 고립은 다뤄지지 않는다. 사람들의 마음은 이미 무너져 있는데, 믿음을 요구받는다.

이런 틈과 침묵 속에서 나는 묻는다. 지금 교회는 성도들의 마음에 귀 기울이고 있는가?, 그 고통의 언어를 들으려는 준비가 되어 있는가? 그렇지 않다면 지금의 교회는 오히려 성도들을 가스라이팅하는 구조가 되었는지도 모른다. 한 사람의 말이 절대적인 기준이 되고 설교자는 삶을 전달하는 자가 아니라 기준을 부과하는 자가 되었다. 그 안에서 질문은 사라지고 "아멘"은 입술의 응답이 아니라 내면의 억압이 되어버렸다. 우리는 다시 물어야 한다.

왜 믿는가?

어떻게 믿을 것인가?

그리고 무엇보다, 이 공동체 안에서 나의 믿음은 살아있는가?

그래서 나는 허기진 마음을 위한 성찰의 감자탕 한 그릇을 믿음으로 준비했다. 그것이 바로 사후비평적 성찰이다. 우리는 모두 허기진 시대를 살고 있다. 먹을 것은 넘쳐나지만 진짜는 배가 고프고, 말은 많지만 정작 마음은 굶주려 있다. 마음이 고프면 몸은 군것질을 찾고 영혼이 허기지면 신앙은 율법이나 행사로 포장된다. 어느새 교회는 프로그램이 되고, 예배는 형식이 되고, 하나님은 채점관처럼 느껴진다. 그러다 보면 우리는 자신도 모르게 신앙을 '도구화'한다.

하나님은 나를 도와줘야 하는 존재, 예수님은 내가 닮아야 할 성공 모델, 기도는 바라는 것을 얻기 위한 설계도, 그렇게 진짜 '본'은 사라지고 '말'만 남는다. 지금 우리에게 필요한 건 새로운 설교도, 교회 프로그램도 아닌 정성스럽게 끓인 성찰의 감자탕 한 그릇이다. 오래 우려낸 국물, 조용한 공감, 그리고 함께 나누는 따뜻함, 그것이 바로 사후비평적 성찰이다.

비판을 멈추고 방어를 내려놓고 있는 그대로 나를 바라보는 훈련이다.
"내가 지금 왜 이런 마음이 들까?"
"하나님은 정말 나의 이 감정을 알고 계실까?"
"내가 말한 그 말은 정말 하나님의 마음이었을까?"
이런 질문이 테이블에 놓일 때, 우리는 함께 앉아 한 그릇을 나누기 시작한다.

이 책은 그 한 그릇의 시작이다. 정답을 주려는 책이 아니다. 대신 질문을 잃지 않도록 도와주는 책이다. 책을 통해 누군가는 울고, 누군가는 웃고, 누군가는 조용히 고개를 끄덕일 것이다. 그리고 그 모든 순간, 하나님은 조용하지만 분명하게 말씀하실 것이다. "그래 나는 너의 허기짐을 안다. 그리고 너와 함께 그 자리에 앉아 있다."

당신에게 지금 필요한 건 감자탕 같은 사후비평적 성찰이다. 뜨겁고 진하지만 누군가와 함께할 때 더 깊어지는 성찰의 감자탕…
그런 믿음의 한 그릇, 그래서 나는 '사후비평적 성찰'을 말한다. 사후비평적 성찰은 한 방향으로 주입된 '정답'에 의문을 던지는 용기다. 말씀이 끝난 다음 "정말 그 말씀이 내 삶에 닿았는가?" "그 말씀이 내 상처를 건드리지 않고 그냥 지나친 건 아닌가?"라고 묻는 사람, 대답하지 않아도 괜찮은 사람, 하지만 끝까지 질문을 품는 사람을 위한 길이다. 우리는 서로에게 말해야 한다. "그 말씀, 나에게는 이렇게 들렸어요." "당신은 어떤가요?"

질문이 열릴 때 교회는 다시 살아날 수 있다. 질문이 환영받을 때 말씀이 진짜로 '살아 움직이는 말씀'이 될 수 있다. 응답 없는 말씀은 메아리일 뿐이다. 듣는 자의 마음에서 반응이 피어날 때 비로소 말씀은 살아 숨쉰다. 이처럼 서로의 생각을 나누지 않는 공동체는 물길이 끊긴 사막과 같다.

이제 우리는 다시 마음으로 돌아가야 한다. 이 땅에서 하나님 나라를 이룬다는 것은 먼 하늘의 이상을 외치는 것이 아니라 곁에 있는 사람의 마음을 다시 보는 것으로부터 시작된다.

내가 아픈 줄 몰랐던 사람에게 "당신 괜찮냐?"라고 물어주는 일, 내 말이 상처가 되었을까 조심스레 되묻는 일, 같이 울고, 같이 웃고, 하나님 나라의 방식으로 사람을 대하는 것, 이것이 바로 신앙이라는 이름으로 살아내는 방식이다.

그리고 사후비평적 성찰은 거룩한 방식으로 들어가는 진입문이다. 이제 질문을 던지는 이들이 교회를 살릴 것이다. 울 수 있는 공간, 질문해도 괜찮은 설교, 나눔이 중심이 되는 공동체, 그것이 회복된 신앙의 시작이다. 신앙은 때로 너무 익숙해서 묻지 않게 된다. 오랫동안 반복해 온 신앙의 말들, 예배의 언어, 교회의 분위기는 우리를 질문 없는 평온 속에 머물게 만든다. 하지만 그 평온은 신앙의 생명일까, 아니면 마비의 징후일까?

이 책은 그 물음에서 시작되었다. 말씀 이후, 예배 이후, 신앙 고백 이후, 정말 나는 어떻게 살고 있는가를 되묻는 정직한 자리, 그것이 바로 사후비평적 성찰이다. 나는 이 글을 통해 독자와 함께 질문하고 성찰하며 다시 삶의 자리에서 하나님을 따라 걷는 여정을 나누고 싶다.

신앙은 구조가 아니라 방향이고 틀이 아니라 여정이기 때문이다. 그래서 나는 집 나간 신앙, 길을 잃은 마음, 말뿐인 믿음이 다시 돌아오는 여정을 담았다. "돌아오는 길은 거창한 결심이 아니라, 거울 앞에 서는 용기에서 시작된다."

이제 우리는 거울 앞에 선다.
그리고 믿음의 길을 다시 걷는다.

이 책이 당신의 여정에
작은 등불이 되기를~

함께 질문하고,
함께 살아내는 동행이 되기를
진심으로 소망한다.

들어가기 전에

사후비평적 성찰이란 무엇인가?

'어떤 질문을 품고 살아갈 것인가?' '그 질문 속에서 나는 어떻게 응답하며 살아갈 것인가?'

이 책의 각 장은 그 질문 앞에 선 한 사람의 흔적이며 동시에 독자 한 사람 한 사람을 "거울 앞"으로 초대하는 여정이다.

사후비평적 성찰이란 삶의 경험을 다시 바라보고 그 안에 담긴 하나님의 시선과 의미를 찾아 다시 살아내는 신앙적 성찰의 방식이다. 단순한 자기반성이나 감정 정리가 아니다. 그것은 삶의 무너진 조각들을 들여다보며 질문하고 해석하며 하나님 안에서 재구성하는 여정이다.

이 책을 어떻게 활용하면 좋을까?

- 사후비평적 성찰을 위한 안내, 그리고 워크북 활용법 -

『신앙 22°』는 단지 '읽는 책'이 아니다. 삶을 멈추고 돌아보는 책, 그리고 다시 살아가는 길을 묻는 책이다. 각 장에는 독자의 성찰을 돕기 위한 성찰 가이드 질문 그리고 워크북 활동과 사후비평적 성찰에 대한 이해를 부록으로 마련했다. 이 책을 제대로 활용하고 싶은 분들에게 다음을 권한다.

1. 거울 앞에 서는 시간 정하기
매주 한 장씩 읽으며, 하루 중 15~20분이라도 조용히 '거울 앞'에 서보라. 글을 읽고, 질문을 음미하고, 자신의 경험을 떠올려보는 시간이 중요하다.

2. 성찰 노트 또는 일기 활용하기
각 장 끝의 성찰 가이드 질문에 따라 자신의 이야기를 글로 써보라. 혼잣말처럼, 혹은 기도문처럼 적어도 좋다. 쓰는 것이 곧 성찰이고, 성찰이 곧 회복의 시작이다.

3. 작은 모임에서 함께 읽고 나누기

가족, 소그룹, 셀 모임, 교회 리더들과 함께 한 장씩 읽고 질문을 중심으로 서로의 삶을 나누어 보라. 이 책의 질문은 나눌수록 깊어지고, 들을수록 회복되는 교제의 책이다.

4. 워크북과 함께 병행하여 실천으로 연결하기

워크북에는 각 장의 핵심 개념의 질문이 활동을 위해 정리되어 있다. "생각 → 성찰 → 기록 → 실천"이라는 4단계 흐름을 따라 말에 그치지 않고, 삶으로 드러나는 신앙으로 실천하길 권장한다.

5. 질문을 품고 읽기

이 책은 해답보다 질문을 더 많이 던진다. 이 질문이야말로 하나님 앞에 서는 길이다. "나는 지금 무엇을 묻고 있는가?", "하나님은 나에게 어떤 질문을 하고 계신가?"

1장

질문할 용기, 고백할 믿음

넙쭉넙쭉 세대

정보는 넘치고 성찰은 말라붙고
넙쭉넙쭉 받아먹는 그 입가엔 지혜가 머물지 않네.
질문은 귀찮고 해석은 번거롭고
감정은 스티커로 처리되며 믿음은 요약본으로 환산된다.
성경도, 삶도, 관계도 빠르게, 얕게, 가볍게

"믿음은 습관이 아니라 삶의 응답이어야 한다." 우리는 요약된 성경과 요약된 설교, 요약된 신앙을 소비하며 살아간다. 정보는 넘치지만 성찰은 메말랐다. 믿음은 핵심만 뽑아 먹는 '신앙 요약본'이 되었고 은혜만 빠르게 흡수하려는 세대이다.

 누군가는 이들을 "넙쭉넙쭉 세대"라고 부른다. 하지만 신앙은 그렇게 요약될 수 없는 깊이의 문제이다. 시간이 필요하고, 침묵이 필요하고, 무엇보다 '질문'이 필요하다.

> **독자 성찰 가이드**
> – 나는 마지막으로 '내 신앙'을 질문한 순간이 언제인가?
> – 최근 내가 말보다 삶으로 복음을 전한 경험은 있었는가?
> – 교회에서 나의 질문은 환영받는가? 회피되는가?
> – 나의 믿음은 지금, 어떤 얼굴을 하고 있는가?

거울 앞에 선 신앙

나는 매일 아침 거울 앞에 선다. 어느 날 문득 질문 하나가 거울 속에 떠오른다. "나는 진짜로 믿고 있는가?"

거울 앞에 서면 누구나 정직해진다. 화려한 말도, 멋진 고백도 아닌 삶의 흔적이 드러나는 자리, 바로 그 자리에서 시작된다. 거울 앞에 서는 시간, 그 잃어버린 순간을 회복하는 데서 말이다. 나의 신앙은 말로 꾸며진 환상일까? 아니면 오늘 누군가에게 복음의 향기가 되었던 실체일까?

성찰은 멈춤이 아니라 실천의 시작이다. 그것은 감상이 아니며, 자기연민도 아니다. 삶을 다시 들여다보고 새로운 길로 나아가기 위한 출발선이다. 오늘 내가 무엇을 느끼고 어떤 질문을 품고 그 질문에 어떻게 응답하며 살아갈 것인가? 이 질문들에 응답하기 위한 길, 그것이 바로 이 책이 말하는 '사후비평적 성찰'이다.

사후비평적 성찰(Post-Critical Reflection)은 익숙함을 넘어 삶을 다시 질문하고, 그 질문 속에서 하나님과 자기 자신 그리고 공동체를 새롭게 만나는 통합적 성찰의 방법이다. (이론적인 설명은 부록 A에 수록되어 있다)

질문 없는 평온은 신앙일까, 마비일까? 신앙은 때로 너무 익숙해져 묻지 않게 된다. 반복된 예배의 말, 익숙한 기도, 암송된 성경 구절의 안락함은 진짜 평안일까? 아니면 무뎌진 감각의 다른 이름일까? 사후비평적 성찰은 그 지점에서 시작된다. 익숙한 말 너머 본질을 향한 질문에서 예배 이후, 기도 이후, 성경을 덮은 이후, "그다음, 나는 어떻게 살고 있는가?"

무너지는 신앙의 구조, 질문이 사라진 교회

우리는 지금 신앙의 본질이 흔들리는 시대를 살고 있다. 교회는 여전히 '믿음'이라는 단어를 외치지만 사람들의 마음은 점점 교회에서 멀어지고 있다. 왜일까? 그것은 교회가 '믿음'이라는 고백을 삶으로 어떻게 살아낼 것인지에 대해 더 이상 진지하게 묻지 않기 때문이다.

과거의 한국교회는 사람들의 삶을 지탱했다. 굶주림 속에 쌀 한 줌을 나눴고 외로움 속에 함께 기도했다. 교회는 집보다 더 따뜻한 공동체였고 목회자는 이웃의 안부를 먼저 묻는 사람이었다. 하지만 지금은 상황이 달라졌다. 세상은 변했지만 교회는 변하지 않았다.

오늘날 사람들은 밥보다 위로를, 섬김보다 인정을, 설교보다 대화를 원한다. 그러나 교회는 여전히 영적 헌신을 요구하며 심리적 결핍과 정서적 고립에 대해서는 말이 없다. 사람들의 마음은 이미 무너져 있는데 "말씀을 붙잡고 이겨내라"라고 말하는 설교는 오히려 상처를 덮는 도구가 되었다.

더 큰 문제는 '질문이 없는 신앙'을 강요한다는 것이다.
"왜 믿는가?" "정말 나는 하나님을 신뢰하는가?" "이 말씀은 나의 고통에 어떤 답을 주는가?"라고 묻는 순간 우리는 의심 많은 자가 되고 만다. '질문'은 곧 '불신'이 되어버리는 구조, 이 안에서 성도는 더 이상 신앙의 주체가 아니다. 그냥 듣고 순종하고 따라야 하는 수동적인 존재로 남는다.

설교는 있지만 대화는 없다. '아멘'은 있지만 '왜?'는 없다. 그 결과 말씀은 살아서 움직이기보다 무감각한 의례처럼 반복될 뿐이다. 교회는 신앙을 살리는 곳이 아니라 신념을 고정하는 곳이 되었다. 실제로 많은 교회는 SNS에서의 이미지를 위해 예배를 공연처럼 연출하지만 정작 교인 간의 갈등이나 돌봄 문제에는 침묵한다.

또한 교회 지도자는 외형적인 프로그램에 집중하느라 공동체 구성원 한 명 한 명의 이야기를 들을 여유를 잃어버렸다. 겉은 화려해 보일지 몰라도 내면은 텅 비어 있는 신앙 구조가 점점 늘고 있다. 이것이 우리가 직면한 신앙의 균열이며 바로 그곳에서부터 질문하는 신앙 즉 사후비평적 성찰이 시작되어야 한다.

이제 우리는 무너지는 신앙 구조 앞에서 정직해져야 한다. 겉은 단단해 보이지만 그 안은 텅 비어가고 있다. 질문 없는 교회, 감정이 억눌린 공동체, 실천 없는 고백은 결국 구조만 남는다. 그 구조를 유지하기 위해 애쓸 것이 아니라 왜 그 구조가 무너지고 있는지를 먼저 직면해야 한다. 그리고 다시 본질에서 시작해야 한다.

질문으로 신앙의 문을 다시 열다

신앙이란 절대 흔들리지 않는 바위가 아니라 흔들리면서도 다시 자리를 잡아가는 나무와 같다. 우리는 살아가면서 수많은 순간에 부딪힌다. 예상치 못한 상실, 고통스러운 관계, 설명되지 않는 고난, 그 앞에서 우리는 묻는다. "왜 이런 일이 나에게 일어났을까?" "하나님은 어디 계신 걸까?" "나는 정말 믿고 있는 걸까?"

질문은 신앙의 적이 아니다. 오히려 질문은 신앙의 뿌리를 깊게 내리게 하는 통로다. 하나님은 질문을 싫어하지 않으신다. 성경 속 인물들은 모두 질문하는 사람들이었다. 욥은 고난 앞에서 끊임없이 되물었고 시편 기자들은 고통 속에 "어찌하여"를 외쳤다. 심지어 예수님조차도 십자가 위에서 "나의 하나님, 어찌하여 나를 버리셨나이까."라고 질문하셨다.

신앙이란 모든 것을 이해하는 것이 아니라 이해되지 않아도 하나님을 향해 마음을 여는 것이다. 신앙이란 흔들리는 중에도 관계를 포기하지 않는 것이다. 그래서 정직한 질문은 곧 신앙의 깊이가 된다.

오늘날 교회는 때로는 질문을 두려워한다. 질문은 의심과 반항으로 여겨지기 쉽다. 그러나 진짜 위험한 것은 질문 없는 순종, 생각 없는 동의다. 이런 구조 속에서는 신앙이 자라지 못하고, 결국 내면은 점점 메말라간다.

정직한 질문은 하나님께 나아가는 다른 방식의 기도다. 무너진 마음과 불편한 감정으로 믿음의 문을 다시 두드리는 용기다. 그리고 바로 그 문 앞에서 하나님은 기다리신다.

청년 성민은 신실한 믿음의 가정에서 자랐다. 그러나 대학교에서 신학을 공부하면서 그는 처음으로 성경에 대한 비판적 질문을 접하게 되었다. 처음에는 두려웠지만 그는 질문을 피해 가려고 하지 않았다. "나는 지금까지 진짜 하나님을 안다고 생각했지만 사실 질문 없이 받아들였던 것들이 많았다는 걸 알게 되었어요."

그는 질문을 품으면서 하나님을 새롭게 만났고 그의 신앙은 더 깊어졌다. "질문은 내 믿음을 흔든 게 아니라 오히려 더 뿌리 깊게 만들었어요." 오늘도 성민은 질문을 던진다. 나는 최근 어떤 신앙적 질문을 품고 있었는가? 교회는 질문을 환영하는 문화인가, 침묵하게 만드는 구조인가?

다시 질문해야 할 때

이러한 문제의식 속에서 우리는 '사후비평적 성찰'이라는 도구를 꺼내 들어야 한다. 사후비평적 성찰은 단순히 비평하거나 해체하기 위한 것이 아니다. 오히려 말씀 이후에, 설교 이후에, 신앙 고백 이후에 "정말 나는 이 말씀을 삶에서 어떻게 마주하고 있는가?"를 되묻는 정직한 용기이다. 이것은 교회를 다시 사람의 자리로 끌어내는 작업이다. 설교자의 언어만으로는 부족하다.

성도들의 고백, 질문, 회의 그리고 다시 시작하는 믿음의 자리까지 모두 품어야 한다. 교회는 이제 다시 성도들의 삶에 귀 기울여야 하며 울 수 있는 공동체, 질문해도 되는 예배, 토론이 허락된 신앙을 회복해야 한다.

우리는 더 이상 가르침을 따라야 하는 시대에 살지 않는다. 지금은 함께 배우고, 함께 묻고, 함께 성찰해야 하는 시대다. 이것이 사후비평적 성찰이 필요한 이유이며 지금 한국교회가 놓치고 있는 본질이다. 신앙은 구조가 아니라 방향이다. 틀이 아니라 여정이다. 한국교회가 다시 살아나려면 성도 각자의 이야기를 경청하고 그 이야기 안에서 말씀을 다시 발견하려는 태도로 돌아가야 한다. 그리고 그것은 질문으로부터 시작된다.

신앙은 옹알이에서 시작된다.

아기가 말을 배우기 전, 옹알이를 한다. "응응… 아아… 엄마…" 뜻은 없지만 감정은 있다. 부모는 그 옹알이를 사랑의 언어로 듣는다. 그리고 그것에 반응한다. 하나님도 그렇다. 우리는 기도하면서도 말이 되지 않는 말을 내뱉는다. 무엇을 원하는지도 모른 채, 단지 가슴 깊은 울림을 토해낸다.

"성령이 말할 수 없는 탄식으로 우리를 위하여 친히 간구하시느니라." (로마서 8:26)

하나님은 우리의 옹알이를 들으시는 분이시다. 그분은 정제된 신앙 고백이 아니라 부서진 마음의 숨결에 귀 기울이시는 분이시다. 공감은 갓

난아이의 옹알이와 같다. 아직 언어가 다듬어지지 않고 의미와 무의미가 섞인 그 소리에 우리는 귀를 기울인다. 사랑하는 아기의 옹알이에 부모는 본능적으로 반응한다. 그 의미를 다 알지 못하더라도 그 존재 자체에 마음을 여는 것이다.

신앙도 그렇다. 우리가 하나님 앞에 내어놓는 기도, 고백, 탄식과 침묵은 완벽한 언어가 아니다. 하지만 하나님은 그 옹알이에 응답하신다. 그분은 '완성된 문장'이 아니라 '진실한 울림'에 반응하시는 분이기 때문이다. 하나님은 공감의 하나님이시다. 우리가 상처받고 흔들릴 때 곁에 서 계시는 분이다. 예수님은 눈물 흘리는 마리아와 함께 울었고(요 11:35), 베드로의 실패를 무시하지 않고 그를 다시 바라보셨다(눅 22:61).

이것이 신앙의 시작이다. 하나님이 먼저 우리를 공감하시고 우리가 그 공감을 체험하는 순간, 신앙이 생명으로 살아나는 것이다. 공감은 존재를 인정하는 일이다.

심리학자 칼 로저스는 "공감이란, 상대방의 내면세계를 그 사람의 눈으로 바라보는 것이다."라고 말했다. 공감은 단지 "안다"라고 말하는 것이 아니라 그 사람이 느끼는 세계에 내가 잠시 들어가는 일이다. 이 공감이 이루어질 때 사람은 자기 존재가 존중받고 있다는 감정을 처음으로 경험한다. 그 경험은 곧 치유의 시작이다. 신앙도 마찬가지다.

하나님은 공감의 하나님이시다. 당신의 마음을 외면하지 않으시고 당신의 상처에 가까이 오신다. 공감이란 감정에 머무르지 않는다. 그것은 상대의 내면에 '접촉'하는 일이다. 사후비평적 성찰의 관점에서 보면 신앙이란 하나님과 나 그리고 이웃의 아픔에 '반응하는 능력'을 회복하는 것이다.

공감 없는 신앙은 지식에 불과하다. 하지만 공감하는 신앙은 존재를 울리게 한다. 눈에 보이지 않는 하나님의 사랑이 누군가의 눈물 속에서 내 심장을 울릴 때, 그때 우리는 "살아 있는 신앙"을 경험하게 된다.

예수 그리스도의 성육신은 신학적으로 가장 깊은 공감의 선언이다. 하나님은 인간의 몸을 입고 이 땅에 오셨다. 하늘에서 인간을 내려다본 것이 아니라 인간의 감정 안에 들어오셨다. 배고픔과 외로움을 느끼셨고 제자들의 무정함에 아파하셨고 십자가에서 버림받음의 두려움을 외치셨다.

예수님은 우리 감정의 끝을 아신다. 그래서 우리는 그분께 마음을 맡길 수 있다. 우리의 가장 연약한 자리에서 그분은 가장 강하게 우리와 함께하신다. 우리는 보통 신앙을 이해와 결단의 문제로 여긴다. 말씀이 옳음을 알았고 그 뜻에 따르며 살기로 결정했기에 '믿는다.'라고 말한다. 그러나 이 믿음의 시작점에는 언제나 감정의 떨림이 먼저 있다. 어떤 사람은 깊은 슬픔 속에서, 어떤 사람은 말할 수 없는 위로의 순간에, 어떤 사람은 누군가의 사랑 앞에서 처음으로 하나님을 느낀다. 이 순간은 논리가 아니라, 공감의 순간이다.

누군가 내 아픔을 알아주고, 내 말에 귀 기울이고, 내 고요한 신음에 반응했을 때 비로소 신앙이 열린다. 많은 성도들이 감정을 의심하거나 억제한다. "믿음은 감정이 아니다." "감정은 흔들리니 의지로 버텨라." 이런 말들이 때로는 맞다. 하지만 감정을 외면한 신앙은 자기를 속이는 신앙이 될 수 있다. 예레미야는 울었고, 욥은 불평했고, 다윗은 절망했고, 예수님은 통곡하셨다. 감정은 신앙의 적이 아니라 신앙을 하나님 앞에 진실하게 세우는 통로이다. 당신의 눈물이 가장 순수한 기도일 수 있다.

신앙, 질문에서 다시 시작되다

청년 리찬은 열심히 신앙생활을 해왔지만 직장 내 괴롭힘과 불안으로 마음이 지쳐 있었다. 어느 날 "하나님은 너를 시험하신다."라는 설교를 듣고 그는 말없이 교회를 떠났다. 그는 말했다.

"내 마음이 이미 무너졌는데, 왜 아무도 물어보지 않았을까, 내가 괜찮은지."

그의 말이 한국교회의 현재를 적나라하게 비춘다. 교회는 정답을 말하지만, 삶의 질문을 듣지 않는다. 신앙은 그 질문 속에서 자라나는 것인데도 말이다.

청년부 성경공부 시간에 리찬은 "하나님은 왜 고통을 허락하시는가?"

라는 질문을 던졌다. 그러나 리더는 "믿음이 약한 사람이 그런 질문을 한다."라며 넘기려 했다. 이후 리찬이와 다른 청년들은 교회에서 질문하는 것이 부담스러워졌고 점점 자신들의 고민을 숨기게 되었다. 이런 사례를 통해 질문을 억압하는 교회의 분위기가 성도들의 신앙을 얼마나 위험하게 만드는지 보여줌을 기억해야 한다.

그래서 나는 사후비평적 성찰을 위해 질문을 던진다.
- 나는 최근에 내 신앙에 대해 어떤 질문을 해보았는가?
- 나의 질문이 교회 공동체 안에서 안전하게 나눠질 수 있는 분위기인가?
- 나는 다른 사람의 질문에 어떻게 반응하고 있는가?
- 나는 지금 누구의 신앙으로 살고 있는가?
- 나의 신앙인가, 교회가 요구하는 신앙인가?

신앙의 회복은 질문에서 시작된다. 질문은 곧 공감의 시작이며 진실한 신앙으로 나아가는 첫걸음이다. 이러한 질문은 단번에 정리된 요약본이 아니다. 진한 성찰의 감자탕처럼, 삶의 이야기와 질문을 오래 끓여내는 여정이다.

잃어버린 질문은 집 나간 신앙의 첫 모습이다. 사후비평적 성찰은 그 질문을 다시 찾는 신앙의 귀향이다. 당신의 생각, 경험, 태도를 담아 다시 질문하고, 다시 살아내자. 다음 장에서는 신앙의 본질이 사라지고 말만 무성한 교회의 현실을 직시해 본다.

2장

말은 남고 본질은 잃어가는 교회

성령의 스침

성령이 툭 스쳤다. 가슴에, 어깨에, 눈동자에
하지만 그들은 알림창을 넘기듯 무심히 닫아버렸다.
감각은 있지만 감응은 없고 뜨거움은 있지만 변화는 없다.
성령은 속삭였다. "멈추어라, 그리고 살아라."
그러나 세대는 "지금 재생중인 콘텐츠가 더 중요해요"

"복음은 들려지는 것이 아니라, 드러나는 것이다." 성령이 우리를 '툭' 건드릴 때가 있다. 설교 중에, 기도 중에, 혹은 일상 속의 아주 평범한 순간에, 하지만 우리는 너무나도 바빠서 혹은 너무나도 익숙해서 그 스침을 '광고 알림'처럼 넘겨버리고 만다. 감동은 있지만 감응은 없다. 은혜는 들었지만 삶은 그대로다.

교회는 그렇게 '은혜의 본질'을 놓치고, 말만 남은 신앙으로 버텨 오고 있다. 성령의 일상적인 감동은 자극의 홍수 속에서 무시당하기 쉽다. 이러한 감정과 영성의 교차점을 다루며, 성령의 '스침'을 외면하지 않는 교회 공동체의 필요성을 제기한다. 감정이 무감각해질수록 하나님과의 교감도 멀어진다.

> **독자 성찰 가이드**
> – 나는 성령의 미세한 "스침"을 얼마나 민감하게 감지하는가?
> – 성령의 음성보다 더 크게 들리는 세상의 알림은 무엇인가?
> – 내 삶에 복음이 자연스럽게 드러났던 순간은 언제였는가?
> – 나는 '본'이 되어 살고 있는가, 혹은 설명만 하는가?

진리를 잃은 외침

거울은 말하지 않는다. 그러나 내 말의 무게를 비춘다. 말과 삶이 엇갈릴 때 거울은 침묵으로 꾸짖는다. 나는 앞 장에서 질문이 없는 신앙이 얼마나 위험한지 성찰했다. 이제 이 장에서는 신앙의 본질이 말이 아니라 삶이 되어야 함을 이야기하고자 한다. 말은 점점 정교해지고 선포는 점점 요란해지는데 정작 본은 사라지고 있다.

하나님의 마음은 멀어지고 있다. 교리로 정당화하고 전통으로 위장하며 규범으로 고정된 믿음은 결국 사람을 살리지 못한다. 말보다 삶이, 정답보다 사랑이, 보여주기보다 닮아감이 필요하다.

"말은 남고, 본은 사라졌다." 이 말은 단지 수사적인 표현이 아니다. 지금 우리의 신앙과 교회를 조용히 비추는 거울이자 깊은 한숨처럼 다가오는 진단이다.

'말'은 있다. 주일마다 울려 퍼지는 설교, 넘치는 성경 공부, SNS에 떠도는 말씀 이미지 그리고 수없이 반복되는 "주님의 뜻대로~", 그러나 정작 '본'(즉, 삶으로 드러나는 하나님의 마음, 사랑, 용서, 정의 그리고 예수 그리스도의 발자취)은 점점 교회에서 보이지 않는다.

말은 종교로 남지만 본은 하나님 나라를 이룬다. 우리는 오늘, 어느 쪽에 서 있는가? 진리를 잃은 외침은 교회를 요란하게 만들지만 사람을 살리진 못한다. 이제 우리는 더 이상 외침에 머물 수 없다. 하나님의 마음을 닮은 본질의 회복, 곧 말이 아닌 삶으로 증명되는 진리로 돌아가야 한다. 침묵 속에서도 사랑이 흐르고 말보다 더 큰 본이 보이는 그곳에서 신앙은 다시 살아난다.

말의 홍수 속에 익사하는 신앙

복음을 말로 전하는 건 쉽다. 하지만 복음을 삶으로 드러내는 일은 어렵다. 그것은 매일의 선택과 태도에서 시작된다.

- 내가 화내지 않고 참는 순간, 복음이 드러났는가?
- 내가 친절을 베풀었을 때, 예수님의 향기를 전했는가?
- 내가 침묵하며 용서했을 때, 하나님 나라가 보였는가?

복음은 설교단에서 울려 퍼지는 소리가 아니라 삶에서 묵묵히 울리는 실천의 증거이어야 한다. 한국교회는 세계에서 가장 많은 설교를 듣는 신앙공동체 중 하나일 것이다. 하지만 그만큼의 성숙과 실천이 따라오고 있는가? 많은 교회는 말씀을 '전달'하는 일에만 몰두한다. 설교를 잘하는 것이 목회자의 능력처럼 여겨지고 프로그램을 기획하고 관리하는 것이 사역자의 책무가 되어버렸다.

신앙은 정보가 되었고 교리는 콘텐츠가 되었다. 성경의 언어는 살아 있는 말씀이 아니라 교리적 문구로 박제되었다. 사람들은 외운 말씀을 말하지만, 정작 삶 속에서는 그 말씀이 살아 숨 쉬지 않는다.

말은 넘쳐난다. 그러나 그 말이 우리의 발걸음을, 표정을, 손끝을 바꾸지 못한다면 이미 말이 아닌 소음에 불과하다. "나는 복음을 전한다"라고 말하면서 비판하고 정죄하고, 스스로는 안전지대에 머문다. 그 벌어진 틈이 너무 커서 세상은 복음을 오해하고 교회는 신뢰를 잃는다.

진짜 복음은 어떤가? 예수님은 "말씀하신 분"이기도 하지만 무엇보다 "그대로 살아내신 분"이다. 예수님은 사람들의 질문에 늘 '삶'으로 대답하셨다. 그분은 말씀을 가르치신 후 그 말씀을 식탁에서, 길 위에서, 십자가에서 살아내셨다. 그러나 우리는 그 본질을 말로만 이야기할 뿐, 그 길을 함께 걷는 법을 잊었다. 오늘날 교회의 위기는 교인 수의 감소나 재정의 부족이 아니다.

삶으로 따라가는 사람, '본'이 되는 사람의 부재다. 본을 보여주지 못하는 교회는 결국 말만 남긴다. 말은 때로 사람을 감동케도 하지만 본은 사람을 변화시킨다. 이제 교회는 복음의 본질을 회복해야 한다. '옳은 말'이 아니라 '살아있는 본'으로, '전도 문구'가 아니라 '은혜의 태도'로, 그 시작은 우리가 먼저 은혜의 시선으로 사람과 공동체 그리고 나 자신을 바라보는 데 있다.

한 성도가 이렇게 고백한 적이 있다. "나는 어릴 때부터 수많은 설교를 들었지만 단 한 번 말없이 내 손을 잡아준 그 장로님의 따뜻한 손길이 내 신앙을 붙들었습니다." 말이 아니라 본이었다. 우리의 교회가, 우리의 신앙이, 우리의 일상이 그런 '본'으로 기억되기를 원한다.

 말로 남을 것인가? 본으로 남을 것인가? 이 질문 앞에 우리는 다시 거울 앞에 서야 한다. 그리고 말이 아니라 본으로 응답하는 교회를 우리부터 시작해야 한다.

 말은 쉽게 남는다. 기록되고, 반복되고, 정제된다. 그러나 본은 어렵다. 보이지 않는 사랑, 보이지 않는 헌신, 내면의 침묵과 참음은 기록되지 않는다. 그래서 교회는 점점 '말'의 신앙으로 기울었다.

 신앙의 진실성은 '고백'보다 '행위', '행위'보다 '관계', '관계'보다 '존재의 깊이'에서 드러나야 하지만 우리는 '말'을 남기기 위해 존재의 깊이를 잊어버린다.

 '말'의 신앙은 측정이 가능하다. 암송, 설교, 조직신학의 논리, 교단의 교리와 법 그러나 '본'의 신앙은 그 사람이 주는 따뜻함, 묵묵한 뒷모습, 낮은 자리를 향한 시선처럼 측정되지 않는 것들이다.

나의 신앙은 '말'인가 '본'인가?

 이 질문을 던져보자. 나는 무엇을 지켜내고 있는가? 말인가, 본인가? 내가 마지막으로 신앙의 본을 보여준 순간은 언제였는가? 교회에서 나의 모습은 말을 잘하는 사람인가? 조용히 기도하고 있는 사람인가? 누군가를 들어주는 사람인가? 아니면 내가 하는 말을 남기려 애쓰는 사람인가?

내가 신앙생활을 하며 상처받았던 경험도 결국은 '말' 때문이었던 적이 많다. "당신은 믿음이 없네요." "순종하지 않아서 그래요." "하나님은 절대 실수하지 않으십니다." 정작 이 말들을 한 사람은 나의 고통에 함께 울지 않았고 아무 말 없이 옆에 있어 주지 않았다. 말은 남았고 본은 사라졌다.

예수님은 본을 주셨다. 예수님은 우리에게 교리를 주신 분이 아니다. 그분은 본을 보이셨다. 병든 자에게 손을 얹었고, 성난 군중에게 침묵하셨고, 제자들의 발을 씻으셨다. 그분은 말씀을 전하기보다 함께 먹고 마시고, 함께 우셨다.

바리새인들은 정확한 언어를 가졌다. 율법을 해석하고 외우기도 했다. 그러나 예수님은 그들을 향해 "회칠한 무덤"이라고 하셨다. 왜? 말은 남았지만 본이 없었기 때문이다. 예수님은 본으로 살아낸 신앙의 정수였다. 십자가 앞에서 침묵하셨고 부활 후에 제자들에게 말보다 먼저 아침 식사를 차려주셨다. 본은 언제나 말보다 앞섰다.

교회의 위기는 '본질의 소멸'이다. 현대 교회의 위기는 교세 감소나 예배 출석률 저하 이전에 신앙의 본질을 잃어버린 것에 있다.
'말 잘하는 교회'는 많다. SNS에 멋진 슬로건을 올리고 탁월한 영상을 제작한다. 그러나 그 교회가 정말 아픈 사람의 울음을 들어줄 수 있는가? 실패한 성도를 포용하고 기다려줄 수 있는가? 목회자의 말보다 그의 삶을 따르고 싶은가? '말의 교회'는 숫자를 세고, 결과를 비교하고, 프로그램을 자랑한다. 그러나 '본의 교회'는 관계를 만들고, 이야기를 기억하고, 마음을 따뜻하게 데운다.

왜 우리는 '말'에 집착하는가?

사후비평적 성찰(Post-Critical Reflection)의 관점에서 본다면 우리는 '의심을 허락하지 않는 구조' 안에 오래 있었다. 비평은 '믿음' 없음으로, '질문'은 불순종으로 간주한다. 그래서 사람들은 말에만 머물러야 했다. 본질에 대한 질문은 다뤄지지 않는다.

하지만 하나님은 질문하시는 분이시다. "가인아, 네 아우 아벨은 어디 있느냐?" "너는 나를 누구라 하느냐?" 질문은 말의 구조를 흔들고 본의 영역으로 우리를 이끈다. '사후비평적 성찰'은 말의 흔적 속에서 본의 부재를 인식하고 그 벌어진 틈을 돌아보는 작업이다.

왜 우리는 본을 잃었는가?, 왜 말은 더욱 강해졌는데 삶은 점점 텅 비어갔는가? 이 질문은 불편하지만 반드시 묻고 넘어가야 한다. 사후비평적 성찰이란 스스로의 말과 삶을 거울에 비춰보는 것이다. 그 거울은 우리의 정당성이나 의도를 반사시키지 않는다. 오히려 그 거울은 침묵 속에서 묻는다.

"너는 지금 본이 되고 있는가?"

이 성찰의 자리에서야 비로소 교회는 새로운 길을 발견할 수 있다. 말과 본이 다시 하나가 될 때 사람들은 교회를 통해 말씀이 아니라 하나님을 만난다. 본이 회복될 때 신앙은 다시 살아난다. 신앙의 회복은 말의 풍성함이 아니라 본의 회복에서 시작된다. 말을 줄이고 삶으로 보여주는 용기가 필요하다.

교회가 더 큰 소리보다 더 따뜻하게 침묵을 품을 때 사람들은 다시 하나님을 본다. 교회의 벽보다 이웃의 눈빛을 먼저 바라보는 리더가 많아질 때 공동체는 다시 살아난다. 우리가 복음서를 읽으며 감동받는 것은 예수님의 설교보다 삶의 본이다. 그분이 말한 사랑보다 사랑을 살아낸 모습이 우리를 붙든다.

말은 프로그램을 이끌고 본은 공동체를 연결한다. 신앙공동체가 살아있다는 것은 '누가 무슨 말을 했는가?'보다 '누가 누구 곁에 있었는가?'로 판별된다. 말은 프로그램을 움직인다. 그러나 본은 공동체를 만든다. 말은 교회를 설명하지만 본은 교회를 존재하게 한다. 예수께서 주신 새 계명도 결국 '사랑하라'라는 삶의 본이었다.

우리는 무엇을 남기고 싶은가? 멋진 표현? 감동적이며 기득권적인 교리? 인기 있는 설교? 그보다 중요한 것은 삶에서 보여준 본이다. 우리의 자녀와 동료, 후배가 우리에게서 "하나님 마음"을 보았다고 말할 수 있을까? 예수님의 제자들이 그분을 떠나지 않았던 이유는 단 하나, 말보다 본이 먼저였기 때문이다.

말이 아니라 삶으로 믿음을 전해야 한다. 교회는 많은 말들을 했고, 여전히 하고 있다. 그러나 세상은 점점 교회에서 멀어졌다. 이유는 단순하다. 말보다 삶이 없었기 때문이다. 믿음은 말로 증명되지 않는다. 본으로 곧 삶으로 증명된다. 예수님은 우리에게 많은 가르침을 주셨지만 그보다 더 깊은 영향을 준 것은 그분의 삶 자체였다. 배고픈 자와 함께했고 병든 자를 만졌으며 배신자도 품으셨고 십자가에서 끝까지 사랑하셨다.

사후비평적 성찰은 우리에게 묻는다. "당신은 지금 무엇을 본으로 남기고 있습니까?" 하나님 나라란 단지 하늘의 개념이 아니다. 그것은 이 땅 위에서 하나님의 통치와 정의와 사랑이 이루어지는 현실이다. 그리고 그 나라의 증인은 화려한 설교자나 대형 교회가 아니라 하나님 나라의 방식으로 살아가는 한 사람의 신앙인이다.

권력을 좇기보다 섬김을 선택하는 사람, 평가하기보다 이해하려는 사람, 옳음을 주장하기보다 관계를 회복하려는 사람, 이런 사람은 세상을 향해 하나님 나라의 본을 보여주는 살아 있는 증언이 된다.

사후비평적 성찰은 예언자적 신앙으로 나아가는 출발이다. 사후비평적 성찰은 단순한 회고나 개인적 반성이 아니다. 현실을 직시하고 하나님 나라의 관점에서 지금을 다시 읽는 예언자적 신앙의 태도다. 교회가 잊은 자들을 향해 눈을 뜨게 하고 사회가 버린 목소리를 다시 들을 수 있게 하며 나 자신의 타성과 습관을 하나님의 시선으로 해석하게 한다. 이것이야말로 오늘의 교회에 필요한 선지자적 정직함이며, 말씀 이후에 다시 묻고 다시 사는 신앙의 실천이다.

한 사람의 신앙이 세상을 바꾼다. 우리는 종종 무력감을 느낀다.
"내가 뭘 할 수 있을까?", "세상이 너무 큰데…"
그러나 성경의 역사는 늘 한 사람의 신앙에서 출발했다. 노아 한 사람이 방주를 지었고, 아브라함 한 사람이 믿고 떠났으며 에스더 한 사람이 민족을 구했고 예수님은 열두 제자와 함께 하나님 나라를 시작하셨다. 당신의 삶이, 당신의 고백이, 당신의 성찰이 세상을 바꾸는 출발점이 될 수 있다.

함께 던지는 질문

나는 말보다 삶으로 복음을 드러내기 위해 한 가지 구체적인 태도 또는 행동을 위한 실천을 호소하려 질문을 던진다. 교회에서 목회자는 감동적인 설교를 전하고자 한다. 성도들은 그 설교에 은혜받기를 목말라한다.

어느 날 설교를 마친 목회자는 경제적 위기로 인해 도움을 요청하는 한 집사님의 사연을 듣고 그 상황은 "하나님의 훈련"이라며 외면하기에

급급해한다. 말로 하는 설교는 풍성하지만 삶으로 드러난 본은 없다.

말의 홍수 속에 익사하는 현대 교회의 위기를 성찰할 때이다.
- 나는 지금 '말'과 '삶' 중 어느 쪽에 더 집중된 신앙을 살고 있는가?
- 나는 지금 '본의 신앙'을 살아가고 있는가?
- 나의 신앙 언어는 실제 삶의 모습과 얼마나 일치하고 있는가?
- 내가 속한 공동체는 삶으로 복음을 실천하고 있는가?
- 우리 교회는 '본을 보이는 공동체'인가?
- 누군가 내 삶을 보고 "예수님 같았다"라고 말해 준 적이 있는가?

우리의 신앙은 결국 말로가 아니라 살아낸 향기로 남는다. 당신은 이제 무엇을 본으로 남기고 있는가? 말을 넘어선 삶, 그 향기가 오늘도 누군가에게 닿고 있기를 소망한다. 다음 장에서는 신앙이란 여정임을 인식하고 정답을 찾기보다는 하나님과 함께 걷는 길을 탐구하며 성찰한다.

3장

신앙은 여정이다

흔적 없는 머묾

머문다는 것은 앉는 것이 아니라 뿌리내리는 일
말씀 앞에, 사람 앞에, 자기 앞에 머무르지 않기에
사후비평적 성찰은 증식되지 못하고
그 흔적은 바람에 날린 포스트잇처럼 금세 잊히고 찢기 운다.
성찰 없는 신앙은 이력서에 쓰는 경험 목록일 뿐이다.

"신앙은 정답을 외우는 것이 아니라, 응답 없는 계절을 견디는 여정이다." 우리는 오랫동안 신앙을 정답으로만 배워왔다. 하지만 신앙의 삶은 언제나 길 위에 있는 여정과도 같다. 믿음의 여정은 늘 응답받는 기도, 분명한 확신, 승리의 삶만으로 이루어지지 않는다. 때로는 침묵의 계절, 길을 잃은 시간들, 불확실함 속의 기다림이 더 많다. 그러나 그 시간 안에도 하나님은 함께 계셨고 오히려 그 순간들이 나의 믿음을 정답에서 신뢰로, 개념에서 관계로 눈을 열어주셨다.

이 장에서는 신앙을 "길"로 받아들이는 용기 그리고 응답 없는 여정에도 하나님을 신뢰하며 걷는 삶의 태도를 되묻고자 한다. 신앙의 여정은 '정답'에서 '과정'으로 나아가는 걸음이다. 그런 머물지 않는 삶이 주는 공허를 상기시키며 말씀과 삶 앞에 온전히 뿌리내릴 수 있는 용기를 적었다. 이러한 '머묾'의 깊이와 회복의 길을 모색한다.

> **독자 성찰 가이드**
> – 나는 어디에도 제대로 머무르지 못하고 있지는 않은가?
> – 말씀, 사람, 자기 자신 앞에 머무는 경험은 내게 어떤 의미인가?
> – 사후비평적 성찰 없는 신앙의 결과는 나에게 어떤 영향을 주었는가?

틀에서 길로, 정답에서 여정으로

길을 잃은 날, 나는 거울을 들여다본다. 거울은 방향을 알려주지 않지만, 지금 여기에 있는 나를 보여준다. 신앙은 여정이다. 정답을 찾다 멈춘 줄 알았는데 하나님은 '함께 걷자' 하신다. 응답이 없다고 실망했는데 침묵 속에도 동행하셨다. 정지된 교리보다 움직이는 사랑이, 고정된 형식보다 흘러가는 은혜가 하나님의 방식이었다.

우리는 신앙을 마치 시험 문제처럼 배워왔다. 바르게 알고 정확하게 믿으며 흔들림 없이 확신하는 것이 '믿음'이라고 여겼다. '이게 맞는 믿음이다,' '저건 틀렸다'라는 식의 이분법은 우리를 정지시키고 자신을 숨기게 만든다. 그러나 신앙은 지식의 습득이 아니라 그것은 살아 있는 길, 곧 하나님과 함께 걷는 여정이다.

아브라함은 지도를 받지 않았다. 하나님은 우리에게도 완전한 지도를 주신 적이 없다. 아브라함은 "네가 갈 땅을 내가 지시하리라"라는 말씀만 받고 떠났고 이스라엘은 구름 기둥과 불기둥을 따라 광야를 걸었다.

예수님은 목적지를 설명하지 않으시고 단 한마디, "나를 따르라"라고 말씀하셨다. 그는 목적지 없이 떠났고 광야를 걸었으며, 가는 곳마다 제단을 쌓으며 하나님을 찾아갔다. 그 발걸음 하나하나가 신앙이었다. 신앙은 모르는 길을 믿고 걷는 것이다. 불확실함을 견디며 매 순간 하나님의 함께하심 하나로 살아가는 용기이다.

사후비평적 성찰은 이 여정 가운데 드러나는 우리의 신앙의 모습들을 다시 묻고, 다시 다듬어 가는 살아 있는 믿음의 여정이다.

"믿음으로 아브라함은 부르심을 받았을 때에 순종하여 장래의 유업으로 받을 땅에 나아갈새 갈 바를 알지 못하고 나아갔으며" (히브리서 11:8)

여정으로서의 사후비평적 성찰은 '답을 내리기 위한 비평'이 아니라 '다시 물으며 다시 걷는 길'이다. 신앙 여정은 완벽을 요구하지 않는다. 묻는 자에게 길이 보이고 머무르는 자에게 하나님이 다가오신다. 이제 신앙을 여정으로 바라보는 의미를 좀 더 구체적으로 다루어 성찰하고 실천하기를 반복하는 삶의 여정이기를 응원한다.

기다림과 동행

신앙은 단순히 "믿습니다."라는 고백을 넘어서 하나님의 응답에 귀 기울이는 삶의 태도이다. 우리는 종종 묻는다.
"왜입니까?" "어떻게 해야 합니까?" "어디로 가야 합니까?" 그러나 그 질문에 명확한 대답이 들리지 않을 때가 더 많다. 신앙은 응답이 없을 때 멈추지 않아야 한다. 하나님의 침묵조차도 동행으로 받아들이는 관계의 신뢰이다.

그래서 신앙은 '기다림'으로, '묵묵함'으로, '반복되는 일상'으로 드러난다. 응답은 삶 전체에 걸쳐 들려오는 느린 목소리이며 그 속에서 우리는 하나님의 눈과 마음을 배워간다. 하나님은 때로 침묵하신다. 우리의 신앙 여정에서 가장 혼란스러운 순간은 하나님이 침묵하실 때이다. 기도는 했지만 응답이 없고 말씀을 읽어도 가슴이 뜨겁지 않으며 예배 속에서도 외로움이 가시지 않을 때 우리는 묻는다.
"하나님, 듣고 계신가요?"

  침묵은 외면이 아니라 더 깊은 신뢰로의 부르심일 수 있다. 말씀 없이 동행하셨던 엠마오의 주님처럼, 하나님의 침묵은 부재가 아니라 '다른 방식의 임재'이다. 하나님의 음성을 듣는 것이 신앙의 핵심이 아니라 그분이 응답하시든, 침묵하시든 그분을 기다리는 태도가 신앙이다.
"나의 하나님이여 내가 주의 뜻 행하기를 즐기오니 주의 법이 나의 심중에 있나이다." (시편 40:8)

  감정은 믿음의 적이 아니다. 오히려 감정은 신앙이 마음에 닿아 있는지를 보여주는 신호다. 억누르면 병들고, 기도하면 깊어진다. 하지만 이런 말은 슬퍼하는 이들을 불편하게 만들고 감정을 억압하는 신앙으로 흐를 수 있다.

  예수님은 감정이 풍부하신 분이셨다. 나사로의 무덤 앞에서 눈물을 흘리셨고 배신 앞에서 고통스러워하셨으며 성전에서는 분노하셨다. 예수님의 감정은 진실한 사랑의 표현이었고 하나님의 얼굴을 우리에게 보여주는 통로였다. 신앙은 감정을 외면하거나 억누르는 것이 아니라 그 감정을 하나님의 품 안으로 가져오는 용기 있는 여정이다. 내 감정을 있는 그대로 하나님께 드러내는 용기이다.

한 청년이 말했다. "기도도 하고 성경도 읽었는데, 마음이 허하고 우울해요. 그러면 안 되는 줄 아는데… 믿음이 약한 걸까요?"
이 질문 속에는 감정을 믿음의 실패로 여기는 오해가 담겨 있다. 감정은 죄가 아니다. 오히려 감정은 신앙이 내 마음에 닿아 있는지를 보여주는 신호이다. 감정을 무시하면 마음은 병들고, 감정을 기도하면 믿음은 깊어진다. 하나님은 우리의 감정을 있는 그대로 받으시는 분이시다. 감정은 믿음을 흔드는 것이 아니라 하나님과의 대화를 더 깊게 만드는 다리이다.

감정, 신앙의 거울이자 자양분

감정을 억누르는 신앙은 병든다. "울지 마, 믿음 있으면 견뎌야지" "분노는 죄야, 참고 기도해" 이런 말은 위로가 아니라 때로는 영혼의 억압이 된다. 슬픔, 분노, 외로움, 실망… 이 모든 감정은 하나님이 우리에게 주신 '영혼의 언어'이다. 예수님은 우셨고, 화내셨고, 탄식하셨다. 그 감정들은 연약함이 아니라 사랑의 깊이였다. 감정을 통해 하나님을 만난다.

하나님은 우리의 감정을 '죄'로 취급하지 않으신다. 오히려 그 감정 속에서 우리가 하나님과 더 가까워지도록 이끄신다. 슬픔은 위로를 경험하는 자리, 분노는 정의에 대한 하나님의 열심을 배우는 자리, 외로움은 하나님의 임재를 기다리는 자리, 두려움은 하나님 품에 안기는 자리이다.

"애통하는 자는 복이 있나니 그들이 위로를 받을 것임이요" (마태복음 5:4)

신앙은 종종 정답을 맞히는 문제처럼 여겨진다. 옳은 교리, 바른 말씀, 정통한 신학이 신앙의 척도가 되곤 한다. 그러나 진정한 신앙은 한 걸음 한 걸음 걸어가는 여정이며 때로는 응답이 없는 시간도 그 여정에 포함된다.

우리는 교회에서 정답을 배웠다. 고통은 왜 오는가? 믿음이 있으면 어떻게 살아야 하는가? 삶의 수많은 질문에 대해 '신앙적 정답'을 요구받았고 그렇게 외운 정답이 진짜 내 신앙인 줄 알았다. 그러나 인생은 문제집이 아니다. 우리는 예상할 수 없는 상황에 처하고 하나님이 침묵하시는 시간도 마주한다. 그럴 때 '정답 신앙'은 무너지고 만다. 정답이 틀렸기 때문이 아니라 신앙은 애초에 정답이 아니라 관계이고 여정이기 때문이다.

신앙의 여정에는 응답이 없는 시간이 있다. 하나님은 보이지 않고 기도는 메아리처럼 돌아온다. 그러나 침묵은 부재가 아니다. 성경 속 인물들 역시 오랜 기다림을 견뎠다. 아브라함은 약속을 받았으나 현실은 끝없는 기다림이었고 요셉은 꿈을 꾸었으나 수년간의 억울한 시간을 보냈다. 신앙은 바로 그 기다림 속에서 자란다. 침묵 속에서 하나님은 우리를 성숙하게 하시며 기다림은 하나님의 응답이 준비되는 공간이 된다.

여정으로서의 공동체

신앙을 여정으로 받아들이는 사람은 공동체 속에서도 여정을 나눈다. 완벽한 사람은 없으며 각자의 계절과 속도가 있다. 어떤 이는 회복 중이고 어떤 이는 방황하고 있다. 중요한 것은 함께 걷는 것이다. 공동체는 서로를 비판하는 곳이 아니라 서로의 여정을 이해하고 품어주는 공간이 되어야 한다. 나와 다른 속도를 걷는 이를 기다릴 줄 알고 실패한 이의 여정을 존중할 줄 아는 공동체, 그것이 진짜 교회다.

사후비평적 성찰은 신앙을 틀로 보지 않는다. 고정된 해석이 아닌 끊임없이 해석되고 다시 질문되는 삶으로 바라본다. 우리는 "왜?"라고 묻는 용기를 가져야 하며 그 질문 속에서 하나님과 더 깊은 관계로 나아가게 된다.

신앙은 마침표가 아니라 쉼표다. 변화하는 현실 속에서 하나님은 매 순간 새롭게 말씀하신다. 응답 없는 시간도 하나님의 언어다. 여정을 인정할 때, 신앙은 정답이 아닌 진실한 고백이 된다.

40대 초반의 여성인 영희는 몇 년간 암 투병 중인 어머니를 돌보며 하나님께 치유를 위해 간절히 기도해 왔다. 그러나 기대한 응답은 오지 않았고 그녀는 오히려 영적 침묵 속에서 방황하게 되었다. 그러던 중 주일 예배에서 "하나님은 침묵 속에서도 일하신다."라는 구절이 마음 깊이 스며들었다. 이후 영희는 기적보다는 동행을 신뢰하는 여정으로 선택했고 매일 아침 묵상과 감사 일기로 자신의 믿음을 새롭게 다져갔다. 그녀는 말한다. "하나님의 응답은 정답이 아니라 함께 걷는 여정이었어요."

그녀의 고백은 나의 여정도 돌아보게 했다.
- 나는 여정 중 느낀 감정을 어떻게 하나님께 표현해 보았는가?
- 내 감정이 다른 사람에게 어떤 영향을 주었는가?
- 나는 타인의 감정을 '믿음 없음'으로 오해했는가?
- 이 감정은 위험한 것일까, 아니면 중요한 신호일까?

이 감정 속에서도 하나님이 함께하신다면 나는 이 감정을 어떻게 새로운 고백으로 바꿀 수 있을까? 이 감정이 하나님 앞에서 진실함이 될 수 있다면 그것으로 충분하다. 다음 장에서는 하나님과 사람 앞에서 진실함이 어떤 의미를 가지는지 성찰한다.

4장

진실함의 자리 – 하나님 앞에서, 사람 앞에서

"말보다 먼저 도착하는 진실은 눈빛과 침묵 속에 있다."

  신앙은 말로 완성되지 않는다. 공감은 이해하려는 기술이 아니라 '그 자리에 함께 있으려는 신앙의 태도'이다. 진실은 언제나 말보다 먼저 도착하며 그 사람의 눈빛과 침묵, 태도 그리고 '함께 있으려는 마음'에서 드러난다.
하나님 앞에 선 사람은 진실하지 않을 수 없다. 왜냐하면 하나님은 꿰뚫어 보시기 때문이다. 그러나 이 진실함은 하나님 앞에서만이 아니라 사람 앞에서도 실현되어야 한다. 공감은 이해하려는 기술이 아니라 '그 자리에 함께 있으려는 신앙의 태도'이다. 진실한 신앙은 위로하려 하지 않고 가르치려 하지 않으며 그저 함께 울 줄 아는 자리에서 빛난다. 이 장은 "말"이 아니라 "태도"로 드러나는 신앙, "정확한 말"보다 "정직한 존재"로 사는 길을 묵상하게 한다.

"진실함은 관계의 문을 여는 열쇠이다." 진실은 상대방에게 완벽한 답을 주는 것이 아니라 진심을 담아 다가서는 태도를 말한다. 공감은 기술이 아니라 태도다. 이해하려는 노력이 아니라 함께 있으려는 존재의 방식이다. 진실한 신앙은 위로하려 애쓰지 않는다. 가르치려 하지도 않는다. 그저 함께 울어줄 수 있는 자리, 그 자리에 하나님이 함께 하신다.

> **독자 성찰 가이드**
> - 나는 하나님 앞에서 얼마나 진실한가?
> - 나는 사람들 앞에서 진심을 드러내는 용기를 갖고 있는가?
> - 나의 공동체는 진실함을 나눌 수 있는 공간인가?
> - 진실함 없이 전해지는 복음은 얼마나 가벼운가?
> - 최근 나를 진실하게 드러낸 경험은 언제였는가?

거울 앞에 서는 용기

거울 앞에 설 때, 나는 거짓말을 할 수 없다. 가장 정직한 얼굴이 드러난다. 하나님도, 사람도 그 얼굴을 본다. 거울 앞에 서는 정직함은 곧 사랑의 시작이다. 진실함은 나를 부끄럽게 하는 고백이기도 하다. 하지만 그 고백이 삶이 되고 삶이 관계를 만들며 그 관계 속에 복음이 숨결처럼 스며든다.

우리는 종종 꾸며진 신앙, 조심스러운 말들, 형식적인 친절로 자신을 무장한다. 그러나 하나님은 우리에게 진실하게 사랑하고, 진실하게 아파하고, 진실하게 존재하라고 초대하신다.

공동체는 나를 비춘다. 때로는 그 모습이 부끄럽고 인정하기 싫다. 하지만 거울 앞에 서야 한다. 신앙은 하나님 앞에 서는 용기이자 사람 앞에 서는 용기다. 공동체가 거울이 될 때, 나는 나를 더 깊이 알고 하나님을 더 가까이 느끼고 신앙을 더 정직하게 살아낼 수 있다.

그 거울 앞에 설 때, 하나님은 내게 말씀하신다. "너는 혼자가 아니야, 나는 너와 함께 있고, 이 공동체 안에서도 일하고 있다." 신앙은 보여주는 것이 아니라 드러나는 것이다.

오늘날 교회는 너무 자주 '보이기 위한 경건'에 익숙해졌다. 말은 거룩하지만 마음은 멀고, 웃고 있지만 내면은 무너져 있는 이들이 많다. 그래서 오늘 우리는 다시 물어야 한다. 나는 지금 진실한가?, 내 신앙은 삶 안에서 얼마나 투명한가?

진실함은 연약함을 인정하는 용기이며 하나님 앞에 가식 없이 서는 태도이다. 신앙은 가장 정직한 나의 모습으로 하나님께 나아가는 존재적 고백이다. 진실함은 하나님과의 관계에서 시작된다. 하나님은 선악과를 먹은 아담을 책망하기 전에 가장 먼저 그의 위치를 물으셨다.
"아담아, 네가 어디 있느냐?" (창세기 3:9)

이 질문은 위치 확인이 아니라 관계의 회복을 위한 부르심이다. 하나님은 진실을 통해 회복을 시작하신다. 우리의 신앙도 마찬가지이다. 기도의 말투보다 중요한 것은 기도 속의 진실함이다. 하나님은 우리가 경건하게 말하기를 바라시는 것이 아니라 진실하게 나아오기를 바라신다.

진실하고 싶은 사람

우리는 종종 교회 안에서 '괜찮은 신앙인'처럼 보이기 위해 애쓴다. 실망스러운 말, 도망치고 싶은 감정, 혼자 울던 밤… 그런 모습은 감춰야 한다고 배운다. 그러나 진실하지 못한 공동체는 오래 머무를 수 없다. 신앙은 겉보기 좋은 말이 아니라 진짜 삶의 고백이다. 진실함은 설명하지 않는다. 그저 곁에 남는다. 그래서 관계를 위한 용기이다.

자신을 숨기지 않고 내어놓을 수 있는 용기, 이것이 없으면 공동체는

'형식의 집'이 되고 사람들은 그 안에서 점점 말라간다. 진실하지 않은 분위기에는 감정이 머물지 못하고, 진실하지 않은 언어에는 생명이 자라지 않는다. 신앙의 생명은 진실함의 자리에서 자란다.

진실한 사람은 실수도, 눈물도, 부끄러움도 기도로 바꿀 줄 아는 사람이다. 진실함은 내가 먼저 벗는 것이다. "먼저 사랑하라"라는 말씀처럼 진실함도 내가 먼저 열어야 한다. 누군가 먼저 자기 마음을 털어놓을 때 그 공간은 서서히 신뢰의 자리로 바뀐다.

우리가 "나는 괜찮아"라는 말 대신, "나 요즘 좀 지쳤어요.", "기도가 잘 안돼요","그 말이 조금 아팠어요."라고 말할 수 있다면, 진실은 그 자리에서 숨을 쉰다.

진실함은 완벽함이 아니다. 진실함은 자신을 드러낼 수 있는 유일한 용기다. 교회가 진실한 사람을 '약한 자'로 보지 않고 오히려 신앙이 깊은 사람으로 바라볼 수 있을 때 공동체는 변화한다. 숨기지 않아도 되는 교회, 넘어져도 다시 설 수 있는 공동체, 그것이 하나님 나라다. 진실함은 때론 고통스럽다.

진실하게 말하면 오해받을까? 두렵고 상처 줄까 조심스럽다. 그래서 우리는 말 대신 침묵을 택하고 기도 대신 외면한다. 그러나 침묵이 반드시 사랑은 아니다. "말하지 않는 것은 때로 관계를 포기하는 일이다. 상대가 문을 두드릴 때 우리는 벽이 될 수도, 문이 될 수도 있다."

예수님께서는 제자들에게 "너희는 나를 누구라 하느냐"라고 물으셨다. 이는 단지 신학적 질문이 아니라 관계적 진실을 확인하는 물음이었다. 베드로는 그 질문 앞에서 진실을 말했고 나중에 그 진실을 지키지 못하고 무너졌지만 다시 회복되었다. 진실은 무너지지 않는 신앙이 아니라 무너져도 다시 일어설 수 있는 신앙의 조건이다.

우리의 신앙은 종종 '좋은 모습'만 보여주는 데 익숙하다. 교회 안에서는 더더욱 그렇다. "괜찮아요", "은혜입니다" "기도하면 나아질 거예요" 같은 말들이 우리의 내면을 대신한다. 그러나 진짜 신앙은 감추는 것이 아니라 있는 그대로의 나를 하나님의 빛 앞에 드러내는 것이다. 예수님께서는 바리새인의 외식(겉과 속이 다른 신앙)을 가장 강하게 꾸짖으셨다. 하나님 앞에서 진실하다는 것은 '모든 것을 드러내는 용기'가 아니라 '하나님 앞에서 숨지 않으려는 태도'이다. 진실함은 연약함을 고백하는 자리에서 시작이다.

예수님의 삶에서 본 진실함

예수님은 친구가 죽었을 때 울었고(요한복음 11:35), 제자들의 배신 앞에서 괴로워하셨으며(요한복음 13:21), 십자가를 앞두고는 "이 잔을 내게서 지나가게 하옵소서"(마태복음 26:39)라고 기도하셨다.

그는 강하셨지만 동시에 너무나 인간적이고 진실하셨다. 그 진실함으로 하나님과의 온전한 관계를 보여주었다. 신앙은 강한 척하는 것이 아니라 진실한 마음을 숨기지 않고 하나님께 드리는 것이다. 진실함은 신앙의 가장 깊은 기도다. 진실함은 거창한 결단이 아니다. 그저 하나님 앞에서 있는 그대로 서는 것, 사람 앞에서 거짓 없이 다가가는 것이다. 그런 의미에서 진실함은 기도이다. 삶 전체가 하나님께 드리는 기도이기 때문이다.

진실함으로 살아간다는 것, 그것은 하나님의 시선 앞에서 나 자신을 숨기지 않고 살아가는 용기이다. 하나님은 우리에게 "가장 신앙적인 말"을 원하시지 않는다. 오히려 "가장 정직한 마음"을 원하신다. 진실함은 가장 신앙적인 태도이다. 그것은 '무너지지 않는 완벽함'이 아니라 '무너져도 부끄러워하지 않는 용기'에서 나온다.

오늘 당신 안에 묻힌 진실이 있다면 그 진실을 다시 꺼내어 주님 앞에 놓아보자. 그것이 곧 기도다. 그리고 그 기도는 당신을 회복시킬 것이다. 진실함의 회복은 공동체의 부흥이다. 하나님은 진실을 기뻐하신다. "내게 진실한 마음을 주시고…"라는 시편의 고백처럼 하나님은 진실한 기도, 진실한 예배, 진실한 공동체를 원하신다.

회복은 진실의 언어에서 시작된다. 한 사람의 솔직한 고백이 한 사람의 울먹이는 중보가 되고 한 사람의 침묵 없는 기도가 공동체 전체를 바꾼다. 진실함은 감정을 열게 하고 감정은 신뢰를 낳는다. 신뢰는 공동체를 하나 되게 하고 하나님 나라의 씨앗이 된다.

많은 이들이 교회 안에서 상처를 받는다. 그 이유 중 하나는 '진짜 나'를 드러냈을 때 비난이나 조언이 돌아오기 때문이다. 우리는 서로에게 해결사가 되려고 하지만 진정한 공동체는 먼저 이해자가 되어야 한다.
"즐거워하는 자들과 함께 즐거워하고, 우는 자들과 함께 울라." (로마서 12:15)
이 말씀은 신앙공동체의 정체성을 말해 준다. 함께 즐거워하고, 함께 울 수 있는 곳 진실함이 허용되는 안전한 공간 그런 교회가 되어야 한다.

그러나 교회 안에서 우리는 '누군가를 따라가는 사람'으로 머무르곤 한다. 설교자의 말에 '아멘'으로 응답하고 프로그램에 참여하고 안내된 경로대로 살아가는 것이 신앙이라고 여겨질 때가 많다. 그러나 진짜 신앙은 누군가를 따라가기 전에 나의 자리를 찾는 것에서 시작된다.

많은 성도들이 여전히 '목회자 중심 구조' 속에 있다. 그의 해석, 그의 결론, 그의 방향에 맞춰 자신의 신앙을 조정한다. 하지만 하나님이 부르신 것은 '그의 교회'가 아니라 '우리 각자의 삶'이다. 나는 이 자리에서 어떤 신앙을 살아가고 있는가? 신앙은 내 이름으로, 내 언어로 고백되어야 한다. 목회자가 해석해 주는 신앙을 받아들이는 것이 아니라 내가 살아낸 삶 안에서 하나님을 다시 발견하고 내 고백으로 신앙을 빚어가야 한다. 이것이 바로 신앙의 주체성이다.

사후비평적 성찰은 이 주체성을 회복하는 훈련이다. 설교 이후, 내 삶에 어떤 울림이 있었는지 묻고 그 말씀을 내 자리에서 어떻게 적용할 수 있을지 고민할 때 신앙은 '따르는 것'에서 '살아내는 것'으로 전환된다.

교회는 이제 성도들이 자신의 신앙을 말할 수 있도록, 자신의 고민을 나눌 수 있도록, 자신의 해석을 소중히 여길 수 있도록 돕는 공간이 되어야 한다. 그것이 교회가 교회다워지는 길이다.

청년 해진은 매주 예배에 참석했지만 점점 말씀에서 멀어지고 있었다. 그는 늘 설교를 듣고도 "이건 내 얘기가 아닌데"라고 느꼈다. 어느 날, 그는 한 공동체 모임에서 '말씀 이후 내 삶의 자리에서 들은 음성'이라는 주제로 짧은 나눔을 했다.
그는 나눔 이후, "사실 설교는 어렵게 느껴졌지만 삶을 꺼내니 그 안에서 하나님의 손길을 발견했어요."라고 고백했다. 이 경험은 그에게 신앙의 주체성을 회복하게 하는 계기가 되었다.

사후비평적 성찰로 진실을 바라보다.
진실함의 자리는 사후비평적 성찰을 통해 더 깊어진다. 청년 모임 중 한 자매가 갑작스레 눈물을 흘리며 "사실 저는 요즘 기도가 잘되지 않아요. 하나님이 저를 외면하신 것 같아요."라고 말했다. 그 순간 모두는 정적에 휩싸였고 몇몇은 당황한 표정으로 고개를 숙였다.

하지만 "그래도 네가 지금 이 자리에 있는 것이 기도야." 라고 말해주었고 그날 이후 모임은 겉으로 웃는 분위기 대신 있는 그대로를 나눌 수 있는 안전한 공간이 되었다. 진실함은 공동체를 변화시키는 출발점이다. 나의 진실한 이야기를 나누어 보며 하나님 앞에 정직하게 나의 감정을 드러내는 기도를 실천하는 시도를 통해서 성찰하기를 기대한다.

- 나는 공동체 안에서 얼마나 솔직하게 나를 드러내고 있는가?
- 하나님 앞에서 감추고 있는 나의 감정이나 생각은 무엇인가?
- 진실함이 공동체를 변화시킨 경험이 나에게 있었는가?

이같은 질문을 통해서 하나님과 사람 앞에서 진실함이 어떤 의미를 가지는지 성찰하고 실천하는 활동이 반복되어야 한다.

"나는 내 마음을 언제, 누구에게 숨겼는가?",
"그 침묵은 어떤 파장을 만들었는가?"
→ 진실이 억눌린 자리에서 관계의 단절이 시작된다.

성찰은 진실을 회복하는 첫걸음이다.
"나는 왜 진실을 드러내면 약해진다고 생각했는가?",
"그 생각은 신앙의 본질과 일치하는가?"
→ 두려움과 위선의 옷을 벗고, 진짜 마음을 바라보는 훈련이다.

"내가 솔직해졌을 때 공동체는 어떻게 반응했는가?"
"그 경험을 통해 하나님이 나에게 가르치신 것은 무엇이었는가?"
→ 진실의 경험을 다시 '은혜의 언어'로 새롭게 해석한다.

"진실함은 하나님 앞에 드리는 가장 깊은 기도이자 공동체가 다시 살아나는 시작이다." 다음 장에서는 교회가 편히 머물 수 있는 환대의 공간이 되어야 함을 성찰한다.

5장

머물 수 있는 교회 - 존재를 환대하는 공간

"함께 있음이 상처가 아니라 쉼이 되려면, 먼저 진실한 나로 머물 줄 알아야 한다."
"공동체는 정답이 아니라, 서로를 기다리는 용기 위에 선다."

신앙은 혼자서 완성되지 않는다. 성장은 언제나 따뜻한 기다림 속에서 피어난다. 그래서 '머물 수 있는 교회' 즉 존재를 환대하는 공동체는 모든 신앙 여정의 토대다. 진짜 공동체는 정답을 강요하지 않는다. 실패한 사람도, 지친 사람도, 아직 질문 중인 사람도 그냥 함께 머물 수 있도록 기다려준다. 신앙이 성장하려면 반드시 '머물 수 있는 공간'이 필요하다. 그 공간은 정답을 강요하지 않고 먼저 존재를 환대하는 공동체여야 한다.

교회는 누군가를 변화시키려는 자리이기 전에 먼저 그대로의 존재가 받아들여지는 자리여야 한다. "함께 있음이 상처가 되지 않으려면" 누구 하나가 완벽해서가 아니라 모두가 진실한 모습으로 머물 수 있는 용기를 낼 때 가능하다. 정답을 맞히는 사람만 머무는 교회가 아니라 상처 입은 사람, 흔들리는 사람, 느린 사람도 기다리는 공동체, 그곳이야말로 참된 신앙이 살아 있는 곳이다. 이 장은 "내가 머물 수 있는가?" 그리고 "다른 이를 머물게 하는 공간을 만들고 있는가?"를 되묻는다.

> **독자 성찰 가이드**
> – 나는 교회 공동체 안에서 진짜 나로 머물고 있는가?
> – 내 곁에 있는 누군가는 지금 나 때문에 상처받고 있지는 않은가?
> – 내가 기대하는 공동체는 '정답을 말하는 사람들'인가, 아니면 '함께 기다릴 줄 아는 사람들'인가?
> – 나는 누군가의 존재를 환대하는 태도를 가지고 있는가?
> – 하나님께서 나를 '머물게 하신 자리'는 어디이며, 나는 그 자리에서 누군가를 머물게 하고 있는가?

교회는 정답보다 공간이다.

누군가 거울 앞에서 울고 있다. 교회는 눈물을 닦아주고 있는 그대로를 비추는 따스한 거울이 되어야 한다. 교회는 변화보다 '존재'를 먼저 품는 자리이다. 우리는 종종 누군가를 변화시키려 애쓴다. 하지만 그 사람을 있는 그대로 환대하고 나서야 변화는 시작된다. 정답을 맞히는 사람만 남는 교회는 결국 상처 입은 이들을 떠나게 한다. 반대로 상처 입은 이들을 기다리는 교회는 모든 이에게 '머물 수 있는 공간'이 된다. 우리는 종종 교회를 가르침의 장으로만 이해한다.

그러나 교회는 무엇보다 공간이다. 누군가에게는 쉬는 공간, 누군가에게는 우는 공간, 누군가에게는 상처를 드러내는 공간이다. 신앙은 정보로만 성장하지 않으며 안전한 공간 속에서 비로소 회복되고, 깊어진다. 교회가 회복의 공간이 되려면 회복은 구조에서 시작된다. 편을 가르지 않고 실패를 들춰내지 않고 기다리는 리더가 있고 들어주는 공동체가 있을 때 사람들은 다시 돌아오고 떠났던 이들은 다시 머문다. 그리고 그 머무름 속에서 신앙은 새롭게 다시 시작된다.

"나는 머물 수 있었는가?" 그리고 "누군가를 머물게 하는 사람이었는가?"

이 장은 우리에게 다시 묻는다. 나는 지금 공동체 안에서 진짜 나로 머물고 있는가? 나의 공동체는 누군가를 있는 모습 그대로 품을 수 있는 공간인가? 신앙은 답을 맞히는 게임이 아니다. 오히려 같이 울고, 같이 기다리고, 같이 웃어주는 사람이 곁에 있는지가 확인된다.

우리는 종종 이렇게 말한다. "교회에 있으면 더 외롭다." "여긴 나의 상처를 말할 수 없는 곳이야." 신앙공동체가 오히려 회피의 장소, 피로의 공간, 판단의 시선 속에 머무는 때가 있다. 머물러야 할 집이 밀쳐내지는 느낌, 이곳에 있어도 괜찮은가, 나는 정말 여기에 속해 있는가? 라는 질문은 많은 성도의 마음을 깊이 흔든다.

'머물 수 있는 공동체'는 그 질문에 이렇게 대답해야 한다. "그래, 너 여기 있어도 돼", "너의 상처도, 눈물도, 혼란도 함께 품을게"

신앙은 혼자의 여정이 아니다. 그것은 함께 견디는 사랑의 길이며 머물 자리를 만들어 주는 은혜의 동행이다. 하나님이 머무신 자리 성경에서 하나님은 늘 사람들과 함께 거하시려는 분이었다. 에덴의 동산에서, 광야의 성막에서, 예루살렘 성전에서, 그리고 결국 육신을 입고 우리 가운데 거하신 예수 그리스도 안에서 말이다.

"말씀이 육신이 되어 우리 가운데 거하시매…" (요한복음 1:14)

하나님은 우리 가운데 머무시기를 원하신다. 그렇다면 신앙공동체도 누군가를 향해 그렇게 말해야 한다. "우리 안에 머물러요.", "여긴 당신이 쉴 수 있는 자리예요." 공동체란 완성된 사람들이 모인 곳이 아니라 회복이 필요한 사람들이 머무는 치유의 장이다.

떠나고 싶은 마음, 머물고 싶은 마음

신앙의 여정을 걷는 동안 누구나 한 번쯤 교회를 떠나고 싶다는 생각을 해본다. 실망, 상처, 오해, 침묵 그리고 어떤 설명되지 않는 공허감은 때로 공동체를 벗어나고 싶게 만든다. 그러나 동시에 마음 한구석에서는 '그럼에도 불구하고 머물고 싶은 공동체'를 갈망한다. 공동체란 완벽해서 머무는 곳이 아니다.

오히려 불완전하지만 서로의 불완전함을 감싸 안을 수 있을 때 그 자리는 은혜의 터전이 된다. 머무를 수 있는 공동체는 '정답을 강요하지 않는 공간', '울 수 있는 자유가 있는 자리', '질문이 허락되는 분위기' 속에서 자라난다. 그곳은 다치지 않는 곳이 아니라 다친 마음이 회복될 수 있는 '머무는 공간'이다. "환대는 프로그램이 아니라 태도이다. 공동체는 구조가 아니라 마음이다."

우리가 먼저 진실하게 머물 줄 알아야 누군가도 이 자리에서 쉼을 얻을 수 있다. 공동체의 얼굴 교회는 사람을 받아들일 수 있는 공간일 뿐만 아니라 그 사람의 '모습'을 그대로 받아줄 수 있는 시선이어야 한다. 예수님께서는 간음 중에 잡힌 여인을 정죄하지 않으셨다(요한복음 8:1~11).

사람은 상처보다, 죄보다, 실패보다 더 무서운 것을 안다. 그것은 바로 공동체의 외면이다. 머물 수 있는 공동체는 이렇게 말한다. "그럴 수 있어요." "나도 그랬어요." "당신을 비난하지 않아요." 이 말 한마디가 누군가를 교회에 남게 하고, 그 품 하나가 사람의 인생을 지탱하게 만든다. 교회는 머물 수 있는 '신앙의 집'이 되어야 한다.

사람은 누구나 회복의 장소를 찾는다. 더 이상 말하지 않아도 괜찮고 실패해도 버려지지 않는 곳, 교회는 그런 곳이어야 한다. 말을 줄이고 귀를 열고 정답을 내려놓고 질문을 함께 품고 평가보다 공감의 눈으로 서로를 바라볼 수 있을 때 그곳은 머물 수 있는 공동체가 된다.

우리는 교회를 '머물 수 있는 집'으로 리모델링해야 한다. 울어도 괜찮은 곳, 다시 시작할 수 있는 곳, 사랑이 기다리는 곳으로 다시 회복해야 한다. 우리의 신앙은 도망친 것이 아니다. 그러나 때로는 신앙이 마음에서 도망치기도 한다.

사후비평적 성찰은 그 마음을 다시 불러들이는 부드러운 귀향의 시작이다. 그곳에서, 우리는 다시 걸을 수 있는 힘을 얻고 다시 믿을 용기를 회복하고 다시 사랑할 마음을 배우게 된다.

공동체란 무엇인가?

"혼자 믿는 신앙이 가능할까?" 이 질문은 오늘날 우리 시대에 던져야 할 중요한 물음이다. 점점 개인화되고 비대면화 되는 사회 속에서 신앙 역시 혼자 관리하고 혼자 해석하는 문화로 변해가고 있다. 그러나 진짜 신앙은 혼자서는 완성되지 않는다. 신앙은 언제나 누군가와 함께 살아내야 하는 이야기이기 때문이다.

성경은 처음부터 공동체 안에서의 신앙을 전제한다. 하나님은 인간을 공동체 안에 두셨고 예수님은 공동체를 통해 하나님 나라를 가르치셨다. 초대 교회는 함께 떡을 떼고, 함께 기도하며, 함께 아파하고 함께 기뻐했다. 이 '함께'의 구조 안에서 사후비평적 성찰은 깊어진다.

하지만 오늘날 교회는 이 공동체의 본질을 놓치고 있다. 많은 교회가 프로그램 중심, 설교 중심, 행사 중심이 되면서 성도 간의 깊은 나눔과 성찰이 점점 사라져가고 있다. 신앙의 문제는 목회자에게 물어야 하고 삶의 고민은 교회 밖에서 해결해야 하는 이중 구조가 형성된 것이다.

공동체란 서로가 서로의 성장이 되는 공간이어야 한다. 한 사람의 기쁨이 모두의 감사가 되고 한 사람의 아픔이 모두의 기도가 되는 구조, 서로 다른 배경과 언어, 감정을 가진 이들이 하나님 안에서 하나 되어 살아가는 '영적 실험실'이 바로 공동체다.

사후비평적 성찰은 이런 공동체 안에서 더욱 빛난다. 혼자서는 놓치기 쉬운 질문도 함께 있으면 자연스럽게 떠오른다. 나눔 속에서 자신의 신앙을 객관화할 수 있고 타인의 이야기를 통해 나를 새롭게 해석할 수 있다. 이것이 함께 성찰하는 공동체의 힘이다.

직장인 현수에게 교회는 바쁜 일상에서 일주일에 한 번 예배드리는 장소에 불과했다. 그런데 어느 날, 교회에서 시작된 소그룹 '삶 나눔 모임'에 참여하면서 그는 신앙의 전환점을 맞았다. 그 모임에서 그는 처음으로 "신앙이 흔들릴 때 나는 어떻게 반응하는가?"에 대해 다른 이들과 함께 이야기했다.

"그들의 이야기를 들으며 나 자신을 다시 보게 됐어요. 나 혼자만 그런 줄 알았는데 다들 같은 고민을 하고 있더라고요." 그는 고백했다. "그 이후로 신앙이 외롭지 않게 느껴졌어요."

반면 공동체 안에서의 상처는 외부보다 깊을 때가 많다. 믿고 의지했기에 더 아프다. 그러나 신앙은 상처를 피하는 삶이 아니라 상처 속에서 회복을 배우는 삶이다. 우리가 공동체에서 상처를 입었다면 그것은 인간 공동체의 한계이자 하나님이 새롭게 일하실 가능성의 공간이다. 그 가능성은 정죄에서 시작되지 않는다.

오히려 자기 내면과 공동체를 향한 사후비평적 성찰(Post-Critical Reflection)에서 시작된다. "나는 이 공동체에서 어떤 기대를 가지고 있었는가?" "그 기대가 무너졌을 때, 나는 무엇을 선택했는가?" "내가 받은 상처는 나에게 무엇을 말해 주는가?"

이 같은 질문들이 머무름을 회복하는 첫걸음이다. 머문다는 것은 정서적 '자리'를 마련해주는 것이다. 물리적으로 교회에 출석한다고 해서 '머물렀다'라고 말하긴 어렵다.

  진정한 머무름은 감정이 안전하게 놓일 수 있는 정서적 공간(emotional space)을 만들어 주는 것이다. 그것은 곧 '나의 슬픔이 말해질 수 있고', '나의 기쁨이 질투 없이 공유되며', '나의 질문이 부끄럽지 않게 드러날 수 있는 환경'이다.

  예수님께서는 한 여인이 눈물로 자신의 발을 적시는 자리에서도, 베드로가 울며 회개하던 자리에서도 외면하지 않으셨다. 예수님의 공동체는 언제나 "감정이 설 수 있는 자리", 곧 머무를 수 있는 자리를 마련하는 것이었다. 우리의 공동체가 그러한 자리이길 바란다. 누군가가 자신의 감정을 억누르지 않고 다른 누군가의 감정에 귀 기울일 수 있는 곳, 서로의 침묵조차 해석하려 들기보다는 함께 머물러 주는 자리이다.

기도하며 함께 머무는 사람들

  신앙생활을 오래 해 본 사람일수록 겉으로는 괜찮아 보여도 그 안에 숨은 상처 하나쯤은 품고 있다. 교회에서 받은 상처, 믿음의 사람에게 느낀 실망, 하나님의 뜻이라 여겼던 일이 무너졌을 때의 허무함이다. 이 모든 경험은 믿음을 흔들지만 동시에 믿음을 다시 세우는 재료가 되기도 한다.

  우리는 신앙인이기 때문에 강해야 한다고 생각한다. 흔들리지 말아야 하고 기뻐해야 하고 감사해야 한다고 여긴다. 하지만 성경은 오히려 슬퍼하는 자, 눈물 흘리는 자, 넘어지는 자를 품으시는 하나님의 이야기를 전한다. 믿는 사람도 아플 수 있고, 쓰러질 수 있고, 의심할 수 있다. 진짜 신앙은 그 약함 속에서 다시 하나님을 붙드는 데서 시작된다.

오늘날 많은 성도들이 신앙을 '관리'하려고 애쓴다. 신앙은 점점 대상이 되고, 내면의 갈등과 고통은 감춰야 할 결함처럼 여긴다. 그러나 회복은 숨김이 아니라 드러냄에서 시작된다. 아픈 마음을 말할 수 있어야 치유가 가능하다. 그리고 그 이야기를 받아줄 공동체가 있을 때, 신앙은 다시 숨을 쉰다.

사후비평적 성찰은 이 회복의 과정을 돕는 도구다. 설교 이후, "나는 지금 어떤 감정으로 말씀을 듣고 있는가?"를 묻는 순간, 억눌린 감정은 비로소 말이 된다.

"나는 왜 이 말씀이 불편했는가?"를 고민할 때, 내 안의 상처가 언어가 되고 그 언어는 다시 기도가 된다. 믿음으로 말미암은 회복은 완벽하게 회복되었다는 선언이 아니라 여전히 아프지만 다시 걷겠다는 고백이다. 그리고 그것은 신앙인의 또 다른 '일상'이 된다.

중년 여성 은수는 남편의 외도로 큰 상처를 입고 교회를 떠났다. 몇 년 후, 친구의 권유로 다시 교회를 찾았지만 여전히 마음의 문을 닫고 있었다. 그러나 어느 날 목회자가 설교 후 "오늘 말씀은 어떤 감정을 일으켰나요?"라는 질문을 던졌고 성도들이 조용히 자신의 마음을 나누는 시간을 가졌다.

그녀는 말없이 눈물을 흘렸다. 아무도 묻지 않았지만 그 질문은 그녀의 마음을 건드렸다. "그날 이후, 나도 다시 기도할 수 있을 것 같았어요. 누군가 내 상처를 설명하지 않아도 느끼고 있다는 걸 알게 됐어요."

기도는 공동체를 새롭게 한다. 말로 서로를 위로하지 못해도 함께 눈물 흘리며 드리는 기도는 무너진 신뢰를 조금씩 회복시킨다. 머물 수 있는 공동체는 함께 울고, 함께 웃고, 함께 기다리는 사람들의 모임이다. 그곳에서는 공동체를 이상적으로 꾸미려 하지 않는다.

오직 하나님 앞에서 정직하게 서로를 맞이하며 삶과 신앙의 진짜 이야기를 나누는 것이다. 혹시 지금 당신이 교회 혹은 공동체에서 상처받아 떠나고 싶은 마음에 머물러 있다면 그 마음부터 정직하게 바라보기를 바란다. 하나님은 그 감정 앞에서 비난하지 않으신다. 오히려 함께 머물러 주신다. 당신이 질문하고, 실망하고, 울더라도, 그 자리에 하나님은 계신다. 그분은 당신이 '머무는 사람'이 되기를 바라지 않는다.

그분은 '머물 수 있는 사랑의 자리'를 만들며 살아가길 원하신다. 그리고 그 자리는 곧 하나님 나라의 시작점이다. 공동체에 남는 것도 용기요, 떠나는 이를 존중하는 것도 용기다. 어떤 이는 계속 머물 힘이 없어 떠나지만 그 사람의 떠남이 더 깊은 성찰의 계기가 되기도 한다. 머무는 이들은 그

빈자리를 바라보며 공동체가 놓친 것이 무엇이었는지 성찰해야 한다.

또한 머물기 위해 우리는 서로에게 '자리'를 내어주어야 한다. 감정의 자리를, 질문의 자리를, 침묵의 자리를 그렇게 내어줌으로써 공동체는 단단해진다. '자리'는 공간이 아니라, 태도이고 선택이다. 이 '머무는 태도'가 공동체를 지탱하는 사랑의 뿌리가 된다.

사람들은 더 이상 잘 가르치는 교회, 멋진 프로그램이 있는 교회를 찾지 않는다. 대신 머물 수 있는 교회를 원한다. 질문해도 되는 교회, 울어도 되는 예배, 실패해도 쫓겨나지 않는 공동체, 이곳에서만 사람이 살아난다. 머문다는 것은 단지 교회 건물에 있는 것이 아니다. 마음이 쉬어갈 수 있는가, 감정을 드러내도 안전한가, 내 이야기가 평가 없이 들리는가?

이것이 진짜 '머물 수 있음'이다. 이런 교회가 되기 위해서는 신앙공동체가 존재를 수용하는 훈련을 시작해야 한다. 정답보다 존재, 가르침보다 경청, 진단보다 동행이 우선되는 예배와 모임, 다시 말해 사후비평적 성찰이 일상화된 공동체다.

회심은 회개에서 시작되지만 공동체의 품 안에서 완성된다. 탕자가 돌아올 수 있었던 건 아버지의 조건 없는 품이 있었기 때문이다. 사람은 안전한 공간에서만 변화한다. 교회는 이제 '안전한 예배', '정서적 수용이 가능한 소그룹'을 회복해야 한다.

공동체를 돌아보는 세 가지 질문

나는 교회가 사람을 품고 치유하는 공간이 될 수 있는지를 성찰해야 한다고 말하고자 했다. 경계선 지능을 가진 청년 주영은 여러 교회를 전전하다 한 작은 교회에 정착하게 되었다. 이 교회는 그에게 아무런 조건도 요구하지 않았고 그가 말이 서툴고 표현이 어색해도 함께 예배하며 식사하고 자연스럽게 공동체 일원으로 받아들였다.

어느 날 그는 이렇게 고백했다. "여긴 내가 말 안 해도 괜찮은 곳이에요. 그냥 있어도 되는 곳이요." 주영의 말은 그 공동체가 얼마나 '머물 수 있는 공간'이었는지를 단적으로 보여준다. 이처럼 존재 자체를 환대하는 공간이 바로 머물 수 있는 교회의 모습이다.

나는 지금 내 교회 공동체 안에서 '머물 수 있는 안전함'을 느끼고 있는가?
나는 어떤 사람들에게 환대의 손길을 내밀고 있는가?
교회가 나에게 '있는 그대로의 나'를 받아준 경험은 무엇이었는가?
이같은 질문을 통해서 교회가 사람을 품고 치유하는 공간이 되기를 성찰하고 실천을 반복하는 활동이 있어야 한다.

"내가 속한 공동체는 서로의 감정을 존중하고 있는가?" 누군가의 슬픔에 함께 울어줄 수 있는가? 내가 먼저 감정을 나누었을 때, 공동체는 어떤 반응을 보였는가?

→ **감정은 공동체를 연결하는 다리다. 무시하면 끊어지고, 경청하면 깊어진다.**

"나는 교회 안에서 어떤 감정을 숨기고 있는가?" '믿음 없는 감정'이라며 억눌렸던 슬픔이나 분노는 없었는가? 나 자신을 검열하게 만든 신앙적 프레임은 무엇인가?

→ 감정에도 숨을 쉴 공간이 필요하다. 괄호는 그 공간이다.

"우리 공동체가 감정을 품는 방식은 하나님 나라의 어떤 얼굴을 닮아야 하는가?" 침묵을 판단하지 않고 기다려줄 수 있는가? 무기력한 이들을 일으키기보다 곁에 머무를 수 있는가?

→ 공동체는 정답을 제시하는 곳이 아니라, 함께 물어가는 동행의 자리다.

우리는 신앙공동체로 함께 이루는 하나님의 백성이다. 이 말은 함께 바꾸어갈 수 있다는 뜻이다. 슬퍼하는 이를 위해 침묵하는 기도를 하고 리더들이 먼저 감정을 고백하는 소그룹을 만들고 '사역보다 관계'의 질서를 세우기 위해 속도보다 방향을 중시하는 공동체가 되는 것이다.

이 모든 변화는 거창한 비전이 아니라 하나의 사후비평적 성찰에서 시작된다. 이제 다음 장에서는 머무름을 넘어 삶 속으로 흘러가는 신앙의 이야기를 나누고자 한다. 그 삶이 어떻게 하나님 나라를 드러내는지를 함께 성찰해 본다.

6장

흘러가는 믿음 - 하나님 나라를 드러내는 삶

"믿음은 흘러가는 것, 삶은 하나님 나라를 담는 그릇이다."

멈춰 있는 믿음은 썩는다. 믿음은 가만히 있어서는 살아있을 수 없다. 흘러가야 살아있고 드러나야 하나님 나라를 보여준다. 많은 사람들이 믿음을 말로 설명하지만 정작 그 믿음이 일상에서 어떻게 드러나는지는 돌아보지 않는다. 믿음은 삶의 행동, 작은 선택, 누군가를 위한 친절 안에서 비로소 '살아 움직이는 하나님 나라'로 드러난다.
내 믿음은 지금 흘러가고 있는가?, 내가 속한 공동체는 바깥을 향한 흐름을 가지고 있는가?, 일상에서 하나님 나라를 드러내는 순간은 언제인가?

 믿음은 고여 있는 것이 아니다. 신앙은 교리의 암기보다 삶의 태도, 일상의 관계, 세상에 대한 시선 안에서 드러난다. 즉 하나님 나라란 멀리 있는 환상이 아니라 지금 이 자리에서 내가 흘려보내는 은혜와 친절, 진실함 안에 깃드는 현실이다. 흘러가지 않는 믿음은 썩는다.
 흘러간다는 것은 단순한 나눔이 아니다. 그것은 자신을 여는 용기요, 삶으로 드러나는 진실함이다. 하나님 나라란 거대한 이상이 아니라 작은 선택, 보잘것없는 일상, 누군가의 눈물에 머물러 주는 순간들 안에 숨어있다. 이 장은 "내 믿음은 지금 어디로 흘러가고 있는가?" "내 삶은 하나님 나라의 향기를 품고 있는가?"를 묻는 시간이다.

> **독자 성찰 가이드**
> – 나는 지금 어떤 믿음을 세상에 흘려보내고 있는가?
> – 내 믿음은 내 가족, 직장, 일상에서 어떻게 하나님 나라를 드러내고 있는가?
> – 내 공동체는 바깥을 향해 흘러가고 있는가? 아니면 안에서만 고여 있지는 않은가?
> – 오늘 하루, 나는 누구에게 하나님 나라의 조각이었는가?
> – 나는 흘러가며 사라지는 자가 아니라, 흘러가며 하나님의 향기를 남기는 자로 살아가고 있는가?

하나님 나라, 지금 여기에

거울은 흘러내린 빛을 붙잡지 않는다. 믿음도 그렇다. 머무르지 않고 흘러야 그 빛이 세상을 비춘다.

하나님 나라는 거대한 이상이 아니라 매일 아침 가족에게 건네는 인사, 지친 이웃을 바라보는 따뜻한 눈빛, 직장에서의 정직한 선택 안에 머문다. 믿음이 교회 안에서만 머물러 있다면 그건 하나님 나라가 아니라 '신앙의 습관'일 뿐이다. 이 장은 우리에게 이렇게 묻는다. 내 믿음은 지금 어디로 흘러가고 있는가? 내 말과 행동은 하나님 나라의 향기를 담고 있는가?

고인 믿음은 말은 많지만 열매는 적다. 흐르는 믿음은 조용하지만 생명을 전한다. 정답을 안다고 해서, 교리에 익숙하다고 해서, 신앙이 살아 있다고 할 수는 없다. 믿음은 흐를 때 살아 있다. 하나님께 받은 은혜가 내 삶을 통과해 이웃에게, 세상으로 흘러갈 때, 그 믿음은 생명력 있는 믿음이 된다.

흘러가는 믿음은 언제나 작은 것에서 시작된다. 어쩌면 기도하는 자세보다는 누군가의 이야기를 들어주는 자세가 더 많은 복음을 전할 수 있다. 예수님은 길 위에서, 식탁 위에서, 우물가에서 믿음을 드러내셨다. 그분의 믿음은 프로그램이 아니라 삶으로 흘러가는 하나님 나라 그 자체였다.

이제 우리도 그런 흐름을 만들어야 한다. 일상에서 흘러가는 믿음이 내 주변 사람들에게 복음의 향기로 전해지는 삶이 되어야 한다. 이 장은 단순한 결심이 아니라 작은 실천으로 하나님 나라를 지금 여기에서 살아내는 길을 안내한다.

머무는 믿음 vs. 흐르는 믿음

많은 이들이 신앙을 '머무는 것'으로 오해한다. 교회 안에만 머무는 믿음, 과거의 은혜에 머무는 믿음, 습관적인 예배와 익숙한 언어에 머무는 믿음, 그러나 예수님의 삶은 끊임없이 흘렀다. 그는 성전 안에 머물지 않았고 경계 밖으로 나아가셨으며 믿음을 율법의 테두리 안에 가두지 않으셨다.

흘러가는 믿음은 살아 있는 하나님의 나라를 드러낸다. 고여 있는 믿음은 위험이 있다. 신앙은 머무는 것이 아니라 흘러가는 것이다. 하나님의 은혜는 한 사람 안에 머물기 위해 주어진 것이 아니라 흘러가도록 설계되었다. 우리가 받은 믿음은 다른 이에게로, 세상으로 흘러가야 완성된다. 하나님 나라는 그렇게 드러난다.

머무는 믿음은 처음엔 안전하고 익숙하지만 곧 정체되고 굳어진다. 말씀은 아는데 삶에 변화가 없고, 기도는 하지만 행함이 없다면 그것은 고여 있는 믿음이다. 교회 안에만 머무는 믿음은 결국 자기만족으로 끝나 버린다.

예수님은 성전 안에만 머무르지 않으셨다. 길 위에서, 세리와 죄인들 사이에서, 배고픈 무리와 병든 자들과 함께하셨다. 그분의 믿음은 흘렀고, 그 흐름 속에 하나님 나라가 임했다.

하나님 나라는 흐름 속에서 드러난다. 하나님 나라는 '도착지'가 아니라 '흐름' 안에서 드러난다. 예수님은 "하나님 나라는 너희 안에 있다"라고 하셨다. 이는 머무는 장소가 아니라 관계와 삶 속에서 흘러가는 방식이다. 누군가를 용서할 때, 작은 선행을 할 때, 타인의 고통에 공감할 때, 자신의 이익을 내려놓을 때, 하나님 나라는 그 순간, 그 자리에 흘러든다.

믿음의 흐름을 재구성해야 한다. 사후비평적 성찰은 질문한다. "내 믿음은 지금 흘러가고 있는가?" "내 신앙은 누구에게 영향을 주고 있는가?" 이러한 고백이 반복되고 예배가 익숙한데도 변화가 없다면 그것은 흐르지 않는 신앙이다. 흘러가는 믿음은 구조를 깨뜨린다. 성과 중심, 숫자 중심의 신앙 구조가 아닌 살아 있는 관계, 정의, 자비의 흐름을 따라간다. 하나님 나라는 그런 흐름 위에 세워진다. 흘러감은 곧 생명이다.

흘러가는 공동체는 다음과 같은 특징이 있다. 안으로만 머무르지 않고 바깥으로 향한다. 전도보다 삶으로 증언한다. 구조보다 관계를 중시한다. 영향력은 말이 아닌 태도로 흘러간다. 이런 공동체는 선교가 아니라 '함께 사는 삶'으로 하나님 나라를 드러낸다. 믿음은 흘러야 살아 있고 하나님 나라는 흘러야 임한다. 하나님 나라는 '오는 것'이 아니라 '흘러가는 것'이다.

"하나님 나라는 너희 안에 있다."(누가복음 17:21)

예수님은 하나님 나라를 어디서 오는 개념이 아니라 우리 가운데서 살아 움직이는 현실로 말씀하셨다. 누군가를 용서할 때, 타인의 아픔에 함께 머물 때, 작지만 선한 선택을 실천할 때, 약한 자의 편에 설 때, 그 자리에 하나님 나라가 있다.

- 흘러가는 신앙의 삶의 방식

흐르는 믿음의 모습	구체적 실천 예시
관념보다 행동을 우선함	믿음은 삶으로 증명된다.
일상에서 하나님을 찾음	설거지, 대화, 퇴근길에서도 하나님을 본다.
선한 영향력을 미침	나로 인해 누군가 평안을 느낀다면 하나님 나라가 임한 것.
경계를 넘음	차별을 뛰어넘는 환대와 공감의 태도
가르치기보다 섬김	교훈이 아닌 함께 살아주는 것으로 전함

'흐름'을 통한 해석과 실천

사후비평적 성찰은 묻는다. 지금 나의 신앙은 흐르고 있는가? 혹은 안전지대에 멈춰 선 채, 익숙함에 안주하고 있지는 않은가? 흘러가는 믿음은 삶의 궤적을 재해석하게 만든다. 하나님의 마음이 세상 안으로 흘러가는 통로가 되는 것, 그것이 바로 성도의 존재 이유다.

우리가 드러내야 할 하나님 나라는 눈에 보이는 권력도 크고 거창한 계획도 아닌 흘러가는 사랑과 정의, 자비와 진실성 안에서 드러난다. 하나님 나라는 꼭 '무언가를 하는 것'만이 아니라 '누군가 곁에 머무는 것'으로도 충분히 임한다. 우리가 믿음을 삶으로 흐르게 할 때 그곳이 하나님 나라가 된다. 믿음은 흘러가는 것, 삶은 하나님 나라를 담는 그릇이다.

"믿음은 말이 아니라 흐름이더라고요" 민희는 다문화 가정의 이주 여성으로 한국에 온 지 10년째였다. 남편을 따라 교회를 다니기 시작했지만 어딘지 모르게 '손님'처럼 느껴졌다. 말은 서툴고 문화도 달라 교회 안에서 '봉사자'가 아닌 '받는 사람'으로만 여겨지는 것이 마음을 아프게 했다. 그러던 어느 날 민희는 마을도서관 프로그램에서 성경을 함께 읽는 소모임을 제안 받았다. 작은 마을이었기에 한국어가 서툰 민희를 도와줄 자원봉사자도, 모임을 홍보할 인력도 없었다. 그러나 그녀는 조심스럽게 시작했다. 첫 모임엔 단 두 명이 왔다. 둘 다 외국에서 온 여성들이었다.

민희는 익숙지 않은 발음으로 성경을 읽으며, 천천히 자신의 이야기를 나누었다. 함께 읽던 한 구절에서 문득 목이 메었고, 그녀는 잠시 멈춰 조용히 눈물을 닦았다.
"이 말씀이 오늘 제 마음 같아요."라고 말하자 다른 이주 여성들도 조심스럽게 고개를 끄덕였다. 그날 이후 모임은 점점 입소문을 타고 지역 이주민 여성들이 하나둘 모이기 시작했다.

"처음엔 제가 복음을 받는 사람이었는데, 이젠 흐르게 하는 사람이 되었어요." 민희의 말은 진실이었다. 복음은 머무는 것이 아니라 흘러가는 것임을 그녀는 삶으로 보여주었다. 이 이야기는 하나님 나라는 거창한 프로그램보다도 작고 사소한 흘러감 속에서 시작된다는 사실을 증명해 준다. 믿음은 머무는 자리에 있지 않고 흘러가며 열매 맺는다. 그리고 그 흐름 속에서 하나님 나라가 자라난다.

하나님 나라

교회는 누구에게나 열려 있는 '환대의 공간'이 되어야 한다. 그리고 믿음이 흐르는 삶을 통해 하나님 나라가 어떻게 드러나는지를 성찰해야 한다.

60대 중반의 택시 기사인 준호는 매일 출근 전 기도하며 "오늘 내가 태운 손님 가운데 단 한 명이라도 주님의 사랑을 느끼게 해주세요."라고 기도한다. 어느 날 밤늦은 시간에 손님 한 분이 차에 올라타 무거운 한숨을 내쉬었다. 말없이 운전하던 준호는 목적지에 도착하자 "요금은 괜찮습니다. 오늘 많이 힘드셨나 봐요. 하나님은 당신을 사랑하십니다."라고 전했다. 놀란 손님은 눈물을 흘리며 "교회를 떠난 지 오래되었는데, 오늘 이 말 한마디가 다시 발걸음을 돌리게 하네요."라고 고백했다.

준호의 믿음은 교회 안이 아니라 삶의 거리 위에서 흘러가고 있었다. 그것은 바로 살아있는 하나님 나라의 얼굴이었다.

나의 일상에서 신앙은 어떻게 흘러가고 있는가?

내가 속한 공동체는 일상에서 하나님 나라를 실현하고 있는가?
'하나님 나라'란 무엇이며, 나의 삶은 어떤 관련이 있는가?

신앙은 정체되지 않는다. 하나님은 오늘도 우리를 통해 흐르고 싶어 하신다. 흘러가지 못한 복음의 고인 물이 있다면 그곳을 조용히 들여다보자. 그리고 그 고인 물을 누군가에게 흘려보내자. 복음은 다시 흐를 것이다. 그리고 당신의 삶은 하나님 나라를 드러내는 믿음의 강줄기가 될 것이다. 다음 장에서는 함께 아파하며 공감하는 교회의 모습을 성찰한다.

7장

공감의 신앙 - 함께 아파하는 교회

"공감은 말보다 먼저 가고, 진실한 위로는 말보다 오래 남는다."
"공감은 하나님이 우리 안에 계시다는 증거이며, 함께 아파하는 교회가 곧 살아 있는 교회다."

공감은 감정의 기술이 아니라 하나님이 우리 안에 살아 계시다는 가장 강력한 증거다. 그분은 우리와 함께 아파하시는 분이고 우리를 통해 누군가의 고통에 머무르시는 분이시다. 신앙은 말씀을 아는 데서 그치지 않고 그 말씀이 타인의 고통 속에 어떻게 흘러드는가를 통해 진짜인지 아닌지가 드러난다.

함께 아파할 줄 모르는 교회는 말은 있지만 빛이 없는 교회다. 공감 없는 진리는 날카롭고 공감 없는 교회는 닫혀 있다. 함께 아파하는 교회는 살아 있는 교회다. 그곳에는 말 대신 눈물이 있고, 교훈 대신 품어주는 팔이 있다. 공감의 신앙은 질문을 허용하고 실패를 포용하는 자리에서 시작된다. 그것이 바로 하나님 나라의 모습이다. 이 장은 "나는 어떻게 타인의 고통 앞에 반응하고 있는가?" 그리고 "우리 공동체는 공감을 훈련하고 있는가?"를 묻는 깊은 성찰의 시간이다.

독자 성찰 가이드
– 나는 누군가의 아픔을 들었을 때, 말부터 하는가, 먼저 함께 아파할 줄 아는가?
– 나의 신앙은 공감의 자리에 서 있는가, 아니면 진리를 말하며 판단하고 있는가?
– 교회는 실패한 사람, 실수한 사람에게 질문과 기다림의 공간을 허용하고 있는가?
– 나는 오늘 누군가의 상처에 다가가 본 적이 있는가?
– 그 자리에 하나님의 마음을 실어본 적이 있는가?
– 삶으로 드러나는 빛이 내 안에 살아 있는가?
– 말보다 더 진실한 행동이 내 신앙을 말해 주고 있는가?
– 나는 누군가의 아픔에 어떻게 반응하는가?
– 우리 공동체는 공감하는 훈련을 하고 있는가?

공감이 사라지는 시대

거울 속에 다른 이의 눈물이 맺혀 있다. 그 아픔을 함께 느끼는 순간, 거울은 하나의 공동체가 된다. 우리는 서로의 말을 듣지만 마음은 듣지 못할 때가 많다. 말보다 중요한 것은 '느낌'을 함께하는 것이다. 공감은 단순한 이해가 아니라 함께 아파하는 신앙의 실천이다.

교회는 공감할 수 있는 공동체인가? 오늘의 세상은 빠르고 냉정하다. 감정은 피곤한 것으로 여겨지고 약함은 숨겨야 할 것으로 치부된다. 이런 시대 속에서 교회조차 감정의 흐름을 차단하고 성과와 확신만을 요구한다. 공감 없는 교회는 지식은 풍성하지만 온기는 없다. 진심으로 아파하고 함께 눈물 흘리는 경험은 점점 사라지고 있다. 우리는 "기도할게요."라고 말하지만 그 기도조차 공감 없는 형식이 되곤 한다.

양미 집사는 자녀 문제로 괴로워하며 교회 공동체에서 위축되어 있었다. 속회 모임도 피했고 예배 후에는 늘 조용히 먼저 자리를 떴다. 그러던 어느 날 한 권사님이 아무 말 없이 양미 집사 옆자리에 앉아 손을 잡았다. "나는 네가 무슨 말을 해도 안 놀라고, 안 떠날게, 그냥… 여기 같이 있을게." 그 한마디는 책 한 권보다 깊었고 기도보다 더 먼저 위로가 되었다.

오늘날 교회는 수많은 말을 쏟아낸다. 설교, 교재, 메뉴얼, 프로그램… 하지만 진짜 위로가 필요한 사람들은 이해, 판단을 받고 싶어 하지 않는다. 그들은 설명보다 동행, 권면보다 경청, 정답보다 공감을 원한다.

예수님은 나사로의 무덤 앞에서 울었고 사마리아 여인의 삶을 듣고 받아주셨으며, 간음한 여인 앞에서는 돌을 든 사람들보다 그 여인의 마음을 먼저 읽으셨다. 그분은 '공감'의 신앙을 몸으로 보여주신 분이었다.

하나님 나라는 함께 아파하는 사랑 속에 있다. 하나님 나라는 눈물 속에 있다. 억울한 사람의 울음, 소외된 자의 외로움, 차별받는 이의 분노 속에서 하나님의 마음은 함께 아파하신다.

예수님께서는 울고 있는 마리아와 함께 우셨고(요한복음 11:35), 연약한 자들의 고통에 침묵하지 않으셨다. 공감은 신앙의 감정이자 하나님 나라의 언어다. 그 나라는 논쟁이나 정당성으로 확장되지 않는다.

대신 타인의 고통에 함께 머무는 용기, 말보다 눈물로 응답하는 연민 속에 임한다. 우리가 서로의 아픔에 귀 기울이고 누군가의 이야기 앞에 멈출 때 하나님 나라는 가까워진다. 신앙은 때로 말하지 않는 능력이다. 어설픈 위로보다 묵묵히 함께 걷는 것이 더 깊은 위로가 된다.

누군가를 향해 "기도할게요."라고 말하는 대신, 그 사람 앞에서 눈을 맞추고 마음의 속도를 낮추고 함께 울 수 있다면, 우리는 이미 하나님의 마음을 전하고 있다.

예수님은 말씀보다 눈빛으로 기적보다 함께함으로 사람들을 감동시키셨다. 마르다와 마리아의 슬픔 앞에서 함께 우셨고 병든 자를 보며 불쌍히 여기셨으며 군중을 향해 '목자 없는 양'처럼 느끼셨다.

그분은 이해하는 분이 아니라 함께 느끼는 분이셨다. 공감은 예수님의 핵심적 태도이며 그분의 공감이 우리를 살렸다. 이런 자세는 단순한 위로를 넘어 공동체를 치유하는 하나님의 방식이 된다. 이는 감정을 넘어선 행동이며 복음의 언어이기도 하다.

하나님 나라는 어디에 있는가? 우리는 종종 하나님 나라를 죽은 후에 가는 곳, 혹은 저 먼 미래에 완성될 세계로 여긴다. 그러나 예수님께서는 "하나님 나라는 너희 안에 있다"(누가복음 17:21)라고 말씀하셨다. 하나님 나라는 먼 곳이 아니라 지금 여기에서 시작되는 관계와 삶의 방식이다. 신앙은 이 땅에서 그 나라를 살아내는 연습이다. 사랑을 선택하고, 정의를 실천하며, 자비를 베푸는 삶 속에 하나님 나라는 뿌리 내린다. 그것은 교리나 이상이 아니라 삶의 구체성 속에서 드러나는 거룩함이다.

공감은 연습이 필요하다. 타인의 고통을 쉽게 평가하지 않고 내 잣대를 내려놓고 그 사람의 이야기를 그대로 들어주는 훈련 말이다. 신앙공동체는 정답을 제시하는 곳이 아니라 마음이 쉴 수 있는 자리여야 한다.

공감하는 교회는 다음과 같은 특징이 있다. 문제 해결보다 먼저 마음을 듣는다. 감정을 판단하지 않고 그대로 받아준다. 침묵하며 함께 머문다. 말보다 존재로 응답한다. 이런 교회는 말로 위로하기보다 존재로 감싸준다. 이곳에선 눈물도 예배가 되고 침묵도 기도가 된다. 공감은 회복의 문을 여는 신앙의 열쇠다.

사후비평적 성찰은 묻는다. "우리는 왜 아픔을 공유하지 못하는가?" "공동체 안에 공감이 사라진 이유는 무엇인가?" 이는 단지 개인의 문제가 아니라 구조적 비정서화의 결과다. 우리는 믿음을 감정 없는 확신으로 오해해 왔다.

진짜 공감은 훈련이며, 태도이며, 선택이다. 감정을 따라가는 것이 아니라 상대의 세계를 존중하며 기꺼이 들어가려는 신앙의 행동이다. 이런 태도는 이해보다 더 깊은 사랑이다. 우리는 말로 신앙을 증명하려 하지만 하나님은 우리가 어떻게 함께 아팠는지를 보신다. 이러한 자세는 하나님 나라의 언어이며 함께 아파하는 교회야말로 세상에서 가장 강한 교회이다.

어느 작은 교회에 우울증을 앓던 한 청년이 있었다. 그는 자신을 이해해 줄 사람도 없고 삶에 아무 희망도 없다는 절망감에 빠져 교회를 떠났다. 그러나 교회 공동체는 그를 잊지 않았다. 목회자와 교우들은 정기적으로 그에게 연락하며 부담을 주지 않고 그의 마음을 들어주었다. 그들이 한 것은 함께 있어 주는 것, 말없이 그의 눈물을 함께 흘려주는 것이었다. 결국 그 청년은 다시 교회로 돌아왔고 이렇게 말했다. "교회가 저를 판단하지 않고 함께 울어준 덕분에 다시 살아갈 힘을 얻었습니다."

또한 교회의 한 권사는 암 투병 중인 성도에게 매주 짧은 손 편지를 보내며 "힘내라"라는 말 대신 "내가 너의 고통을 함께 느끼고 있어"라고 표현했다. 이러한 공감의 표현은 환자를 단순히 위로하는 것을 넘어 공동체 전체에 서로의 아픔을 공유하는 문화를 심어주었다.

함께 아파하는 교회

나는 앞 장에서 믿음을 흘러가는 삶의 파동처럼 바라보며 성찰했다. 이제 이 장에서는 신앙공동체 안에서 공감이 어떤 역할을 하는지 그리고 마음이 아픈 이들에게 다가가려는 신앙의 태도에 대해 나눠보고자 했다.

이것은 단순한 이해를 넘어 상대의 감정을 깊이 느끼고 아픔에 진심으로 동참하는 것이다. 교회 공동체가 진정으로 살아있음을 나타내는 가장 중요한 지표 중 하나는 바로 '공감'의 능력이다.

이혼한 자녀 문제로 깊은 고통을 겪던 성도 민영은 어느 날 교회 권사님의 조용한 공감에 마음의 벽을 허물었다. "말하지 않아도 돼, 그냥 옆에 있어 줄 게."
그 한마디에 민영은 오랜만에 눈물을 흘렸다. 그 경험 이후 그녀는 다시 공동체 안에서 회복의 길을 걷기 시작했다. "공감은 기도가 되고, 기도는 다시 삶이 되더라구요." 그녀의 고백이다.

이처럼 공감은 단순한 위로를 넘어 공동체를 치유하는 하나님의 방식이다. 우리는 모두 아픔을 가진 존재이다. 삶은 때때로 매끄럽지 않고, 신앙의 여정도 종종 비를 맞는다. 그때 교회는 어떤 모습이어야 할까? 정답을 말해 주는 공동체가 아니라 먼저 옆에 앉아주는 공동체, 눈물을 흘릴 때 묵묵히 손을 잡아주는 공동체, 그것이 예수님의 마음을 닮은 교회이다.

공감은 단지 감정의 공유가 아니다. 복음의 언어이며 함께 짊어지는 십자가다. 누군가의 무너짐 앞에 '왜?'를 묻기보다 "거기서 얼마나 힘들었니."라고 말할 수 있을 때 우리는 비로소 그리스도의 몸으로 살아가는 것이다.

교회는 '이겨낸 이야기'만 나누는 곳이 아니라 '아직 넘어져 있는 이야기'도 안전하게 나눌 수 있는 공간이 되어야 한다. 말보다 삶이, 가르침보다 공감이, 정죄보다 기다림이 이 시대의 교회를 다시 숨 쉬게 할 것이다.

"공감은 말이 아닌 마음으로 전하는 복음이다. 그것이 이어질 때 교회는 세상의 눈물이 머무를 수 있는 거룩한 피난처가 된다." "공감은 예수 그리스도의 마음에 닿는 통로이며 함께 아파하는 교회는 그리스도의 몸이 진짜로 살아 움직이는 자리다."

나는 공동체 안에서 아파하는 사람들과 어떻게 연결되고 있는가?,
최근 누군가의 아픔에 함께했던 경험은 무엇인가?

우리가 함께 아파할 때 교회는 가장 교회답다. 다음 장에서는 신앙의 시선을 은혜와 긍휼로 전환하는 있는 그대로 바라보는 믿음을 성찰한다.

8장

은혜의 시선 - 있는 그대로 바라보는 믿음

신앙은 바르게 판단하는 눈보다, 깊이 바라보는 은혜의 시선을 닮아가는 여정이다."

나는 내 자신을 어떻게 바라보고 있는가?
나는 타인을 조건 없이 받아들이고 있는가?
우리 공동체는 있는 그대로를 존중하는 문화를 가지고 있는가?

하나님의 은혜는 먼저 '바라보는 방식'을 바꾸는 일로 시작된다. 그분은 있는 그대로 보시되, 끝까지 사랑하시는 눈으로 우리를 보신다. 신앙은 바르게 판단하는 것보다 더 깊이 존재를 품는 시선, 더 오래 사람을 기다리는 시선, 더 넓게 이해하려는 시선으로 나아가는 여정이다.

우리의 시선이 변화되지 않으면 신앙은 여전히 평가로 남고 교회는 여전히 경쟁의 장이 된다. 그러나 은혜의 시선은 "그럼에도 불구하고 사랑하는 눈", "회복을 기대하며 바라보는 눈", 그리고 "스스로도 받아들일 수 없는 자신을 다시 끌어안게 하는 하나님의 눈"이다.

이 장은 '믿음의 눈'이란 어떤 시선이어야 하는가, 그리고 그 시선이 나와 타인을 어떻게 바꾸는가를 묻는다.

> **독자 성찰 가이드**
> – 나는 타인을 조건 없이 바라보는 시선을 훈련하고 있는가?
> – 나는 스스로를 은혜의 시선으로 바라볼 수 있는가?
> – 나는 타인을 볼 때, 은혜의 시선으로 보는가, 아니면 기준의 잣대로 판단하는가?
> – 오늘 내 삶에서 누구에게 은혜의 눈길을 보낼 수 있을까?
> – 우리 공동체는 서로를 존중하고 기다리는 시선을 가지고 있는가?

"있는 그대로"의 시선, 그 시작은 하나님

금이 간 거울이라도 아름답다. 있는 그대로 바라보는 은혜의 눈은 상처조차 품는다. 신앙은 '바르게 판단하는 눈'보다 '깊이 품고 기다리는 눈'을 배우는 여정이다. 하나님의 은혜는 우리가 무엇을 했기 때문이 아니라 있는 그대로의 존재를 향한 시선으로부터 시작된다. 그분은 평가보다 존재를 향한 애틋한 시선으로 우리를 보신다. 하나님은 사람을 외모로 보지 않으시고 중심을 보신다.

그러나 우리는 중심보다 겉을 보고, 조건과 성과로 판단하며 있는 그대로의 자신과 타인을 받아들이기 힘들어한다. 신앙은 있는 그대로를 보는 은혜의 눈을 회복하는 여정이다. 우리의 시선은 늘 비교한다. '저 사람은 왜 저렇게 밖에 못할까?' '나는 저 사람보다 낫지 않나?', '저 사람은 아직 멀었어!' 이런 시선은 무의식적으로 공동체를 병들게 하고 자신을 조급하게 만든다. 하나님은 사무엘에게 말씀하셨다.

"사람은 외모를 보거니와 나 여호와는 중심을 보느니라." (사무엘상 16:7)

은혜는 조건 없는 시선이다. 있는 그대로를 바라보는 힘이다. 그러나 우리는 여전히 조건 속에 머문다. 신앙이 평가와 정죄, 경쟁의 논리로 흐를 때 교회는 점점 사람을 바라보는 눈을 잃어간다. 하나님은 다윗의 외모가 아니라 중심을 보셨고 예수님은 간음한 여인을 정죄하지 않고 "나도 너를 정죄하지 않는다."라고 말씀하셨다.

은혜의 시선은 조건 없이 바라보는 용기, 회복을 기다려주는 신뢰, 자기 자신조차 받아들이기 어려운 이들을 다시 끌어안는 따뜻함이다. 많은 교회는 여전히 기준의 시선으로 성도를 본다. 얼마나 출석했는지, 얼마나 봉사했는지, 얼마나 깨끗한 삶을 사는지, 그러나 예수의 시선은 달랐다. 그는 간음한 여인을 정죄하지 않았고(요한복음 8:11), 세리의 집에 들어갔으며(누가복음 19:5), 탕자를 품은 아버지로 비유되었다(누가복음 15장).

은혜의 시선은 사람의 중심을 본다. 삶의 맥락을 살피고 죄의 무게보다 고통의 깊이를 읽어낸다. 교회는 이 은혜의 시선을 회복해야 한다. 사람을 있는 그대로 바라보고, 판단보다 긍휼이 앞서야 한다.

사후비평적 성찰은 이 시선의 전환을 요청한다. "왜 그랬을까?"가 아니라 "얼마나 아팠을까?"를 묻는 것이다. 정죄가 아닌 공감, 평가가 아닌 동행, 이것이 예수님의 방식이다. 오늘날의 교회가 은혜의 시선을 잃는다면 말씀은 살아 움직이지 않고 공동체는 사람을 밀어낸다. 다시 긍휼로 시작해야 한다. 다시 존재를 있는 그대로 품는 눈을 가져야 한다. 그것이 치유의 시작이다.

신앙은 흔히 '진리'와 '결단'의 문제로 이해된다. 우리는 믿음을 말할 때 옳고 그름을 기준 삼아 논리적 설득과 의지적 결단을 강조한다. 그러나 그 출발점에는 늘 감정의 떨림이 있다. 슬픔과 위로, 사랑이 먼저 신앙의 문을 연다. 그것은 논리가 아니라 공감의 순간이다. 하지만 교회는 종종 감정을 억누르려 한다. "믿음은 감정이 아니다"라며 흔들리는 감정을 신뢰할 수 없는 것으로 간주한다. 그러나 감정은 신앙의 적이 아니라 신앙을 진실하게 세우는 정서적 토대다.

감정 없는 신앙은 공허하다.

예수님은 분노하셨고(요한복음 2:15), 눈물 흘리셨으며(요한복음 11:35), 절망하셨다(마태복음 26:38). 예레미야는 울었고, 다윗은 탄식했다. 성경 속의 신앙인들은 감정을 숨기지 않았다. 오히려 감정을 드러내며 하나님 앞에 섰다. 정서적 성숙은 감정을 통제하는 것이 아니라 감정을 이해하고 하나님 앞에 진실하게 내어놓는 연습이다. 이것이야말로 성숙한 신앙의 표지다.

감정 없는 신앙은 공허하고 감정을 회피하는 공동체는 사람을 놓친다. 지금 교회에 필요한 것은 진리를 외치는 목소리보다 울 수 있는 자리를 허락하는 태도다. 우리 안의 감정은 때때로 믿음의 가장 깊은 뿌리를 흔든다. 외로움 속에서, 부끄러움 속에서, 억울함 속에서 우리는 하나님을 부르짖는다. 그 부르짖음이야말로 가장 진실한 기도요, 믿음의 몸짓이다. 교회는 더 이상 감정을 감추는 곳이 아니라 드러낼 수 있는 거룩한 공간이 되어야 한다. 눈물이 머무는 자리에 은혜가 스민다. 그렇게 우리는 함께 울 수 있을 때 다시 함께 걸을 수 있게 된다.

있는 그대로 사랑하기

"이런 자세는 단순한 위로를 넘어 공동체를 치유하는 하나님의 방식이 된다. 이는 감정을 넘어선 행동이며 복음의 언어이기도 하다." 예수님은 죄인들을 있는 그대로 바라보셨다. 사마리아 여인, 세리 삭개오, 간음한 여인에게 조건을 묻지 않으셨다. 그들은 죄인이었지만 동시에 하나님의 사랑받는 자녀로 바라보셨다. 예수님의 조건 없는 시선은 사람을 변화시켰다.

신앙이란 그 시선을 닮아가는 삶이다. 있는 그대로를 사랑하고 그 자리에서 시작할 수 있도록 돕는 것, 변화는 조건이 아니라 사랑에서 시작된다. 공감의 순간에서 회복의 길이 시작된다.

자녀 문제로 상처받은 양미 집사에게 한 권사님의 말없이 곁에 있어 준 "그냥, 옆에 있어 줄게"라는 태도의 공감은 기도가 되고 기도가 다시 삶이 되는 순간이었다. 그녀는 말했다. "말보다 더 깊게 마음을 움직이는 것은 있는 그대로 바라보는 그 눈빛이었어요. 아무 말 없이 손을 살짝 잡아주던 그 순간 제 마음이 무너졌어요."

요즘 K-POP이 세계적인 인기를 끌고 있다. 젊은이들은 리듬에 맞춰 춤을 추며 자신을 표현하고 열정과 흥을 드러낸다. 하지만 그 무대는 단순히 '춤 잘 추는 개인'이 만드는 것이 아니다. 수많은 시간을 함께 연습하고 서로를 기다리며 완벽한 군무를 위해 땀 흘린 공동체적 노력의 산

물이다. 실수하는 멤버를 탓하기보다는 함께 맞춰가고 가장 약한 이가 중심이 되는 시간 속에서 K-POP 군무는 '연습된 일치'가 아니라 '참된 동행'의 아름다움을 보여준다. K-POP 군무는 단지 춤만 맞추는 것이 아니다. 개개인의 흥과 열정이 조화를 이루어 하나의 아름다운 무대를 완성한다.

공동체란 결국 나의 표현이 타인의 표현과 만나 하나의 리듬이 되고 질서가 되는 과정이다. 신앙도 마찬가지다. 혼자 은혜에 취하는 것도 중요하지만 그 은혜가 공동체의 리듬 속에서 함께 어우러질 때 믿음은 더 깊고 풍성해진다.

교회는 홀로 추는 독무가 아니라 어깨를 맞대며 함께 걸어가는 군무 같은 공동체다. 각자의 속도를 존중하고 넘어지는 이의 박자를 잠시 기다려주는 은혜의 리듬이 필요하다. 춤을 추듯, 신앙을 군무처럼 공동체를 함께 살아가는 삶, 이것이 바로 예수님께서 우리에게 보여주신 걸음이며 교회가 회복해야 할 진짜 은혜의 리듬이다.

그 리듬은 가장 낮은 자의 숨소리를 들을 수 있어야 하고 가장 느린 자의 발걸음을 기다릴 줄 알아야 한다. 그것이야말로 함께 추는 믿음의 춤이고, 은혜의 시선이 빚어내는 공동체의 모습이다.

혼자 추는 믿음의 춤은 외롭다. 공동체는 집 나간 영혼을 다시 맞아들이는 무대다. 교회는 그 무대의 중심이 되어야 한다. 은혜의 시선이 살아 있는 공동체는 다음과 같은 특징이 있다. 누구든지 조건 없이 환영한다. 변화되지 않았더라도 먼저 사랑한다. 실수한 사람을 배제하지 않고 기다린다. 중심을 보려는 노력을 멈추지 않는다. 이런 공동체는 완벽해서가 아니라 서로를 있는 그대로 바라보려는 태도에서 거룩함이 시작된다.

우리가 가진 '기준'은 어디에서 비롯된 것일까? 누가 그것을 만들었고 우리는 왜 그 기준을 따르는가? 사후비평적 성찰은 시선의 구조를 묻는다. 은혜를 가리는 종교적 잣대, 교회 내 보이지 않는 위계, 신앙의 성공 모델 등이 우리 안에 얼마나 깊게 자리하고 있는가? 은혜의 시선은 그 구조를 해체하고 새롭게 바라보는 힘을 준다.

하나님은 지금의 나, 상처 입은 나, 흔들리는 나를 바라보시며 여전히 '사랑한다'라고 말씀하신다. 바라보는 눈이 바뀔 때 공동체가 산다. 이 장은 단순히 "용납하라"는 메시지가 아니다. 우리는 어떻게 바라보는가?라는 질문을 통해 어떤 존재가 되어가고 있는가?를 묻는다. 은혜의 시선은 회복의 시작점이다. 그 시선을 가진 교회만이 진짜 예수님의 마음을 드러내는 공동체가 될 수 있다.

있는 그대로 받아주는 공동체

은혜의 시선이란 사람을 조건이나 성과가 아니라 존재 그 자체로 바라보는 것이다. 예수님께서 보이신 이 시선은 우리를 있는 그대로 받아들

임으로써 변화와 회복을 가져온다.

  어느 교회에 발달장애 자녀를 둔 가족이 처음 출석하게 되었다. 이 가족은 이전 교회에서 자녀의 행동 때문에 눈치를 보며 교회를 떠날 수밖에 없었다. 그러나 이 교회 공동체는 처음부터 그 가족을 특별한 존재가 아닌 일반 교우로 자연스럽게 받아들였다. 특별한 배려보다는 자연스럽게 함께 하는 분위기, 있는 그대로 그 아이와 가족을 바라봐 주는 따뜻한 시선이 있었다. 시간이 흐르면서 그 가족은 교회 내에서 처음으로 진정한 공동체의 일원이 된 느낌을 받았고 부모는 이렇게 고백했다. "교회가 우리 아이를 고치려 하지 않고 있는 그대로 품어줬어요. 그 덕분에 우리 가족 모두가 회복되었어요."

  또한 한 교회에 삶의 깊은 위기를 겪고 있던 청년이 있었다. 사업의 실패와 개인적인 실수로 그는 오랫동안 좌절과 부끄러움 속에 머물러 있었다. 하지만 교회 공동체는 그의 잘못을 비난하거나 고치려 들지 않았다. 대신 그의 이야기를 조용히 들어주고 함께 기도하며 묵묵히 기다려주었다. 시간이 지나 청년은 서서히 회복되었고 그는 이 과정을 통해 "하나님의 은혜가 얼마나 깊고 넓은지를 몸으로 알게 되었다"라고 고백했다.

  이 이야기들 앞에서 우리는 문득 우리 자신의 시선을 성찰하게 된다. 나는 최근 누군가를 바라볼 때, 내 안의 조건과 편견이 스며든 경험이 있었는가? 그때의 상황은 어땠고, 무엇이 내 시선을 좁히고 굳게 만들었을까? 그리고 앞으로 그런 상황이 다시 찾아올 때 나는 어떻게 '은혜의 시선'을 회복할 수 있을까? 조건 없이 바라보고 있는 그대로 품기 위한 구체적인 마음의 자세는 무엇일까?

이제 시선을 나 자신에게로 돌려본다. 있는 그대로의 나를 받아들이기 어려웠던 순간이 떠오른다. 그때 나는 왜 나 자신을 외면했을까? 그 시간을 어떻게 지나왔을까? 하나님의 시선으로 나 자신을 다시 바라볼 때 내 안에 어떤 감정이 올라오는가?

책망보다 따뜻한 인정이, 판단보다 깊은 사랑이 조용히 내 마음을 감싸고 있는 건 아닐까? 이제 내 곁에 있는 누군가를 있는 그대로 바라보고 받아줄 수 있다면 누구일까? 예를 들면 "이번 주에는 어려움을 겪고 있는 직장 동료에게 판단 대신 함께 있어 주는 시간을 나누겠다."라는 결심으로 시작할 수 있다. 그리고 그 만남 이후 마음에 남은 울림이나 작은 변화들을 차분히 떠올려 본다.

은혜의 시선은 믿음을 삶의 자리에서 회복과 치유로 이끄는 강한 힘이다. 이 장에서 함께 나눈 묵상과 실천이 우리의 시선을 조금씩 그러나 분명하게 하나님의 시선으로 닮아가게 하기를 소망한다. 말없이 바라보는 그 눈빛 하나에도, 복음은 조용히 살아 움직이기 시작한다.

우리는 얼마나 자주 사람들을 판단하지 않고 있는 그대로 바라보려 노력하고 있는가?

우리는 사람을 바라볼 때, 먼저 무엇을 보고 있는가?

우리는 나 자신을 있는 그대로 바라보고, 받아들이고 있는가?

우리는 누구에게 은혜의 시선을 보낼 수 있을까?

그 시선 하나하나가, 누군가의 광야를 건너는 힘이 된다. 다음 장에서는 광야에 선 신앙에서 드러나는 거룩한 싸움과 내면의 탄식을 성찰한다.

9장

광야에 선 신앙 - 삶으로 드러나는 복음

"복음은 말로 외치는 것이 아니라, 삶으로 드러나는 하나님의 얼굴이다."
나의 삶은 복음을 담고 있는가? 나는 말보다 삶으로 하나님을 전하고 있는가?
나의 공동체는 프로그램 없이도 복음이 전해지는 공간인가?
나는 지금 어떤 신앙의 얼굴을 하고 있는가?

하나님의 사랑을 깊이 경험하고 성령의 충만함을 받는 순간, 신앙의 여정은 완성이 아니라 진짜 싸움의 시작점에 도달한다. 예수님께서 세례를 받으신 직후, 하늘이 열리고 성령이 임하셨지만 곧바로 성령에 이끌려 광야로 나아가셨다.
광야는 메마르고 외롭고, 정답 없는 공간이자 시험의 자리이며 정체성이 검증되는 자리이다. 거기서 예수님은 단순히 "하나님의 아들"이라는 정체성을 믿은 것이 아니라 그 정체성에 합당하게 살아내셨다. 말씀으로 응답하셨고 정체성으로 견디셨으며 그분의 삶 자체로 마귀의 속임을 이기셨다. 우리도 그와 같다.
신앙은 고요한 명상으로만 완성되지 않는다. 광야를 살아낼 때, 그 신앙은 '진짜'가 된다. 광야는 패배의 징조가 아니라 이미 이긴 싸움을 살아내는 훈련장이며 하나님 나라를 증명해 내는 실제 현장이다.
 이제 묻자. 나는 광야에서 어떤 태도로 복음을 살아내고 있는가? 그곳에서 나는 누구의 시선을 따라 살고 있는가? 신앙은 교회 안의 고백에서 끝나지 않는다. 삶으로, 말이 아닌 행동으로 복음이 드러나는 그때, 우리는 '거룩한 싸움'을 살아내는 사람이 된다.

> **독자 성찰 가이드**
> – 나는 지금 어떤 광야에 서 있는가?
> – 하나님의 음성이 내 안에서 들리는가, 마귀의 속삭임이 더 크게 들리는가?
> – 나는 어떤 말씀으로 싸우고 있는가?
> – 거울 앞에서 드러난 나의 상처는, 광야에서 어떻게 회복되고 있는가?
> – 성령께서 이끄시는 이 길을, 나는 기쁨으로 따라가고 있는가?

복음은 삶으로 전해진다.

거울은 말이 없다. 그저 비출 뿐이다. 복음도 그렇다. 말하지 않아도 삶으로 전해진다. 복음을 전한다는 것은 반드시 말로 전해야 한다는 뜻은 아니다. 진짜 복음은 삶에서 전해진다. 말보다 삶, 외침보다 태도가 복음을 더 깊이 전한다.

우리는 어떤 삶으로 복음을 전하고 있는가? 신앙이 말로만 전달된다면 그 말은 쉽게 흩어진다. 그러나 삶으로 살아낸 복음은 오래 남고 깊이 스며든다. 친절한 태도, 용서하는 마음, 섬기는 자세, 포기하지 않는 사랑은 복음 그 자체다. 우리는 흔히 '전도'라고 하면 전하는 말을 먼저 떠올리지만 복음은 삶 전체로 흐르는 메시지다. 예수님은 많은 말을 하지 않으셔도, 그 삶 자체가 복음이었다.

아스라이 일렁이는 열기 속, 발끝에선 모래가 속삭였다. 숨을 쉬는 것조차 죄처럼 느껴지는 광야, 그곳에서 나는 한마디 말도 잊은 채 버티고 서 있었다. 텅비어있고, 혼자이며, 숨 쉴 틈마저 모래바람에 묻히는 자리 … 그런데 이상하다. 나는 분명 하나님의 음성을 들었고, 그분의 사랑을 확인했으며, 은혜를 입었는데 … 왜 이리 외로운가? 왜 다시 불안한가?

예수님께서 세례를 받으신 후 성령에 이끌려 광야로 나가셨다(마태복음 4:1). 성령은 위로만이 아니라 대면의 자리로 우리를 부르신다. 광야는 패배의 장소가 아니다. 아담은 풍요의 에덴에서 넘어졌고 예수님은 메마른 광야에서 승리하셨다.

　아담은 "예수님을 따라 걷는 나를 회자한 거예요"라는 속임에 무너졌고 예수님은 "기록되었으되"라며 말씀으로 싸우셨다. 광야는 우리 정체성을 시험하는 자리다. "네가 하나님의 아들이라면…" 이 말은 단지 유혹이 아니라 우리 존재 자체를 흔드는 도전이다. 예수님은 이 싸움에서 아버지께 받은 음성, "너는 내 사랑하는 아들"이라는 정체성을 붙잡으셨다. 그리고 말씀으로 마귀의 거짓을 물리치셨다.

　우리도 이길 수 있다. 예수님이 싸우셨기 때문에 우리가 싸우는 것이 아니라 이미 이긴 싸움을 살아내는 것이다. 하지만 그 싸움은 결코 가볍지 않다. 오늘도 우리 삶은 광야 같고 의심과 피로, 고통과 회의는 끝없이 몰려온다. 그러나 성령이 우리 안에 계시기에 우리는 광야에서도 길을 낼 수 있다.

　거울 앞에서의 사후비평적 성찰이 광야에서 증명된다. 이 책의 앞 장에서 우리는 감정 앞에 정직해지고 신앙의 여정을 되돌아보며 공동체의 의미를 새기고 하나님 나라를 상상했다. 그러나 이제 그 모든 삶의 자리에서 사후비평적 성찰로 검증되어야 한다. 거울 앞에서 울던 나는 광야에서 싸우는 내가 되어야 한다. 그리고 이 싸움은 말씀과 성령으로 이미 이긴 싸움이다.

광야는 질문을 만든다. "하나님이 정말 나를 사랑하실까?" "이 고통은 왜 계속되는 걸까?" "나는 아직도 하나님의 자녀인가?"

그러나 광야는 진짜 대답도 주는 곳이다. "사람이 떡으로만 살 것이 아니요…" "시험하지 말라…" "하나님만을 경배하라." 이 대답은 하늘이 준 정체성에서 나온다. 말씀을 살아내는 순간, 우리는 광야에서 '존재'를 증명하게 된다.

광야에 선 자는 누군가의 희망이다. 광야에서 이긴 자는 다른 이들에게 '길'을 보여주는 자가 된다. 내 싸움은 나만의 것이 아니고, 내 승리는 누군가의 '살아갈 용기'가 된다. 예수님이 그러셨다. 그분이 이기셨기에 우리는 누구든 광야에서 살 수 있게 되었다.

광야에서

성령이 툭 스쳤다.
그러자 성령이 이끌었다.
광야로~
사랑받은 그 자리에서,
곧바로 메마른 땅으로,
나는 물었고,
당신은 대답하지 않으셨다.
나는 외쳤고,

당신은 침묵하셨다.
그러나 그 침묵은 버림이 아니었다.
광야는 떠남이 아니라 들림이었다.
돌들이 말이 되라 유혹할 때
나는 침묵 속에서 말씀을 붙들었다.
기록되었으되…
나는 배고팠고,
나는 외로웠고,
나는 흔들렸지만,
당신의 음성은 사라지지 않았다.
"너는 내 사랑하는 자다."
광야는 증명하는 자리였다.
내가 누구인지,
무엇을 믿는지,
누구를 따르는지,

믿음은 고요한 명상이 아니라 흙먼지 속에서의 결단이었다. 나는 졌다고 느낄 때 비로소 이기고 있었고, 혼자라고 느낄 때 가장 깊이 동행 받고 있었다.

광야는 사라지는 곳이 아니라 새로 태어나는 자리라는 것을 말하지 않아도 믿게 되는 순간을 누군가가 말없이 손을 잡아줄 때, 아무 조건 없이

도와줄 때, 침묵 속에서도 함께 머물러 줄 때, 우리는 그 안에서 하나님을 느낀다.

이런 순간은 말보다 강한 복음의 증거다. 신앙은 "하나님을 믿으라."라는 말보다 "하나님이 지금 여기에 계시다"라는 삶으로 증명된다. 우리가 그렇게 살아간다면, 복음은 자연스럽게 전해진다.

사후비평적 성찰은 묻는다. "왜 우리는 전도해야 하는 것으로만 배웠는가?" "그 전도는 누구를 위한 것인가?" 전도가 교회의 성장을 위한 수단이 되었을 때 복음은 왜곡된다. 복음은 사랑이고, 생명이고, 관계다. 삶으로 전해질 때 가장 복음답다.

우리는 말보다 앞선 삶을 살아야 한다. 먼저 살아내고 그 후에 말할 수 있어야 한다. 말로 전한 복음은 설득이지만 삶으로 전한 복음은 감동이다. 복음이 삶으로 드러나는 공동체는 다음과 같은 특징이 있다. 말보다 먼저 행동한다. 실패한 사람을 다시 세워준다. 용서를 선택하고, 연약함을 감싼다. 공동체의 삶 자체가 증언이다. 이런 공동체는 프로그램 없이도 전도가 되고 말하지 않아도 하나님이 느껴진다. 그 자체가 복음이다.

나는 어떤 신앙을 살고 있는가?

한 교회에서 장로와 목회자 사이의 심각한 갈등이 생겼다. 겉으로는 '교회 질서'와 '말씀의 권위'라는 이유였지만 실제로는 서로를 이해하려

하지 않는 태도에서 비롯된 문제였다. 회의 중 장로는 성경을 근거로 강하게 발언했고 목회자는 자신에게 맡겨진 목양권을 내세우며 응수했다.

말은 성경적이고 교리에 따른 맞는 이야기일 수 있다. 그러나 둘 다 '하나님은 지금 여기에서 이 상황에 어떤 마음으로 보고 계실까'라는 '본질'의 질문에는 침묵했다. 결국 교회는 분열되었고 남은 것은 그럴듯한 말들과 주장을 적은 당회 서기의 회의록뿐이었다.

예수님께서는 말보다 삶으로 가르치셨다. 말씀을 전하시기 전, 그는 죄인을 만지고 병든 자와 밥을 먹고 외로운 이를 찾아갔다. 그의 본은 단순한 도덕적 본보기가 아니라 하나님의 마음이 육신이 되어 드러난 구체적 형상이었다.

그러므로 '신앙'이란 하나님의 성품이 담긴 실천, 말씀이 몸 된 삶, 사랑이 발이 되어 다가간 관계라고 할 수 있다. 그 본질을 잃은 신앙은 교리를 외치지만 이웃을 품지 못하고, 기도를 드리지만 자기 의로 가득 차며, 예배는 드리지만 정의에는 무관심한 공허한 소리가 되고 만다.

나는 어떤 신앙을 살고 있는가? 나는 교회에서, 가정에서, 일터에서, 무엇을 말하고, 무엇을 보이며, 무엇을 살고 있는가? 나는 내 자녀에게 "사랑하라"라고 가르치면서 정작 냉소적인 표정을 짓진 않았는가? 나는 아주 가끔 설교하면서 삶으로 그 말씀을 담아 내지 못하고 있지는 않은가? 이 질문들 앞에서 나는 멈춰 선다. 과연 말이 아니라 삶으로 신앙을 보여주고 있는가? 이 물음은 신앙의 거룩한 불편함을 나에게 던져준다.

말보다 살아낸 흔적이 먼저 있어야 한다. "말해야 할 자리는 여전히 많다. 그 말이 하나님의 마음을 따르고 있는지, 누군가를 살리는 말인지, 아니면 내 안의 자기 의로 만든 방어막은 아닌지 늘 스스로 점검하고 성찰하는 훈련이 필요하다. 그것이 사후비평적 성찰이며 말보다 더 중요한 삶의 태도를 세우는 시작이다.

삶 자체가 복음

복음은 말로 외치는 것이 아니라 삶으로 드러나는 하나님의 얼굴이다. 우리가 하는 작은 행동 하나하나가 복음의 향기가 되어 주변 사람들에게 전해진다.

우리 옆 회사 청년들은 오랫동안 지역 노숙인들을 위한 무료 급식 봉사를 해오고 있다. 처음엔 단순한 봉사 활동으로 시작했지만 시간이 흐르면서 청년들은 노숙인들과 이름을 부르며 인사를 나누고 그들의 이야기에 귀를 기울이며 관계를 맺기 시작했다. 1년에 한 차례 그들과 함께 한적한 휴양시설을 빌려서 후한 대접을 한다.

어느 날 한 노숙인은 "이곳에 오면 사람대접을 받는 느낌이에요. 여러분이 해주는 따뜻한 밥 한 끼와 웃음 속에서 하나님을 느껴요." 라고 말했다. 복음은 설교가 아니라 그들의 따뜻한 손길과 눈빛 속에서 자연스럽게 전해지고 있다.

직장에서도 마찬가지다. 한 여성은 매일 아침 팀원들에게 작은 격려의 메시지를 전하고 동료가 어려운 상황에 처했을 때는 조용히 손을 잡아주며 기도하는 마음으로 함께했다. 그녀는 "그날 일기 형식의 메모장에 이렇게 썼다. '말을 꺼내기 전, 그의 눈동자에서 아픔을 읽었다. 나는 복음을 말한 게 아니라 그냥 그의 옆에 앉아 있었다."라고 말했다. 삶의 태도와 행동이 복음의 통로가 된 것이다.

우리는 삶 속에서 드러낸 복음의 작은 흔적들을 돌아보며 사후비평적 성찰을 해야 한다. 그 행동은 무엇이었고, 그 안에서 나는 어떤 감정을 경험했을까? 이제 나의 일상에서 말없이 복음을 전할 수 있는 가장 사소하지만 따뜻한 행동 하나를 떠올릴 수 있다.

예를 들면 "매일 아침 가족이나 동료에게 따뜻한 인사와 격려 한마디를 건넨다." 작지만 의미 있는 실천이다. 이런 행동 이후, 내 마음엔 어떤 변화가 생겼는지 관계의 온도는 어떻게 달라졌는지를 조용히 되짚어본다. 혹시 지금 마음에 떠오르는 누군가가 있다면 그를 위해 복음을 삶으로 전할 수 있는 구체적인 방법을 생각해 본다. "요즘 지쳐 보이는 직장 동료에게 점심을 제안하고 그의 이야기를 들어준다."라는 식으로 실천 계획을 세우고 실행해 본다. 그리고 그 만남 이후 내 안에 남은 감정의 여운을 조용히 되새겨 보는 것이 사후비평적 성찰의 은혜이다.

삶으로 보여주는 복음은 오래 기억된다.
나는 말보다 삶으로 복음을 전한 적이 있는가?
내 삶의 어떤 모습이 누군가에게 '복음'이 되었을까?
내가 자주 사용하는 말과 실제 삶은 얼마나 닮아있는가?
나의 광야는 어디였는가?
그때 나는 어떤 삶의 행동을 선택했는가?

작은 행동 하나가 누군가의 광야를 건너게 하는 다리가 된다. 이것이 바로 살아 움직이는 복음이다. 누구든 한 번쯤은 집을 나간다. 마음이든, 믿음이든 그러나 돌아오는 길은 있다.

그 길은 사후비평적 성찰의 길이고, 하나님은 항상 그 길에서 기다리신다. 광야 같은 시간 속에서, 삶의 진한 성찰의 감자탕을 끓여내길 소망한다. 다음 장에서는 이제 다시 거울 앞에 서서, 성찰을 실천으로 연결하는 깊은 물음을 던진다.

10장

다시, 거울 앞에 서다 - 성찰에서 실천으로

"신앙은 거울 앞에 선 용기이며, 성찰로부터 다시 시작하는 하나님 나라의 여정이다."
나는 지금, 다시 거울 앞에 설 수 있는 용기를 지니고 있는가?
나는 지금 어떤 신앙의 얼굴을 하고 있는가?
우리 공동체는 무엇을 비추고, 무엇을 감추고 있는가?
우리는 사후비평적 성찰 이후, 어떤 삶의 방향을 선택하고 있는가?

신앙은 한 번의 고백으로 끝나지 않는다. 진정한 신앙은 거울 앞에 선 순간을 반복할 수 있는 용기에서 드러난다. 처음엔 나 자신을 보기 위해, 그 다음엔 이웃을 보기 위해, 그리고 이제는 하나님 나라를 살아내기 위해 다시 거울 앞에 선다.

이 거울은 단지 자기반성의 도구가 아니다. 이것은 세상을 향해 나아가는 삶의 방향을 비추는 창이다. 성찰 없는 실천은 위험하고, 실천 없는 성찰은 무기력하다.
그러므로 신앙은 성찰과 실천이 맞물려 흐르는 삶의 구조 안에서 자라난다. 이 장은 우리 모두에게 묻는다. "이제, 나는 어떻게 살 것인가?" 그리고 이 물음이 곧 하나님 나라의 여정으로 이어지는 마지막 초대가 되기를 소망한다.

> **독자 성찰 가이드**
> – 나는 신앙의 여정을 거치며 다시 거울 앞에 설 용기를 가졌는가?
> – 지금 나는 성찰에만 머물러 있는가, 아니면 그 성찰을 삶으로 살아내고 있는가?
> – 나는 신앙을 행동으로 드러내는 데 있어 두려움이나 망설임이 있는가?
> – 하나님 나라를 향한 나의 여정은 어디서 다시 시작되고 있는가?
> – 그 출발점은 나인가, 공동체인가, 이웃인가?
> – 나는 오늘 하루, 하나님의 마음을 어떻게 실천할 수 있을까?

다시, 거울 앞에 서는 용기

다시 거울 앞에 선다. 질문은 더 깊어졌고 얼굴은 조금 더 닮아있다. 이제 거울을 넘어 세상으로 나아간다. 우리는 거울 앞에 서야 한다. 외모가 아니라 우리의 신앙과 공동체, 삶과 영혼을 비추는 거울 앞에 말이다.

거울은 있는 그대로를 보여주지만 동시에 변화의 가능성도 보여준다. 지금 교회와 신자는 어떤 얼굴을 하고 있는가? 거울 앞에 선다는 것은 자기 자신을 직면하는 일이다. 아름다움뿐 아니라 주름과 흠까지 마주해야 한다.

신앙도 마찬가지다. 겉모습은 화려하지만 속은 텅 빈 상태일 수 있다. 우리는 감히 우리의 신앙을 직면하고 있는가? 자기 성찰이 없는 신앙은 점점 경직되고 타인을 향한 비판으로 흘러간다.

거울 앞에 선 신앙은 먼저 자신을 비추며 변화의 출발점에 선다. 이 책의 여정은 거울 앞에 선 신앙으로부터 시작되었다. 우리는 거울을 들여다보는 것처럼 우리의 신앙을 들여다보았다. 그리고 그 안에서 감추고 싶었던 모습들, 드러나길 꺼려했던 상처들, 신앙이라는 이름으로 감췄던 두려움과 무력함을 마주했다.

이제 우리는 묻는다. 그 성찰은 우리의 삶을 어떻게 바꿨는가? 그 질문은 고백으로, 고백은 삶의 방향으로 이어졌는가? 그렇지 않다면 우리는 다시 거울 앞에 서야 한다. 사후비평적 성찰의 목적은 실천이다.

사후비평적 성찰은 감상의 도구가 아니다. 그것은 실천을 위한 불편한 은총이다. 하나님의 시선 아래에서 나를 바라볼 수 있게 하는 은혜이며 그것은 반드시 삶을 바꾸는 능력이 되어야 한다.

교회는 그동안 진리와 교리를 지키기 위해 싸워왔다. 그러나 이제는 사후비평적 성찰을 지키기 위해 싸워야 한다. 자기 성찰을 멈춘 교회는 방향을 잃고도 길을 계속 걷는 어리석은 무리가 된다.

성찰은 순종으로 이어져야 한다. 예수님은 제자들에게 말씀을 많이 하신 분이 아니라, 삶을 보여주신 분이다. 그 삶은 하나님의 뜻에 대한 순종으로 가득 찬 여정이었다. 사후비평적 성찰이 순종으로 이어지지 않는다면 그것은 결국 마음을 바꾸지 못한 생각에 머물고 만다. 예수님뿐 아니라 성경의 인물들도 감정을 숨기지 않았다.

사무엘의 어머니 한나는 자녀를 갖지 못해 마음이 괴로웠고 그 아픔을 억누르지 않았다. 사람들 앞에서도 울었고, 성전에서 하나님 앞에 나아가 통곡했다.
"마음이 슬퍼서 여호와 앞에 기도하며 통곡하였나이다"(사무엘상 1:10).

그녀는 체면보다 진실을 택했고 감정보다 믿음을 붙들었다. 하나님은 그 울부짖음을 외면하지 않으셨고 그녀의 눈물은 응답이 되었다. 진짜 신앙은 감정을 억누르는 것이 아니라 하나님 앞에 진실하게 서는 것이다. 하나님의 음성을 들은 자는 반드시 응답해야 한다.

사후비평적 성찰은 소명을 깨우는 빛이다. 자기 성찰은 자기 연민으로 끝나지 않는다. 하나님은 언제나 묻는다. "이제 네가 가야 할 길은 어디냐?" "누구에게 본이 될 수 있겠니?" "어떤 자리에서 나를 드러낼 수 있겠니?"

사후비평적 성찰은 빛이다. 그 빛은 나를 비추고 이웃을 향하게 하고 세상을 바라보게 한다. 그 빛을 따라 걸어가는 것이 바로 소명이다. 사후비평적 성찰 없는 사명은 위험하고 사명 없는 성찰은 공허하다. 사후비평적 성찰은 단지 구조를 비판하는 데 머무르지 않고, 새로운 구조를 살아내는 삶으로 이어진다.

나는 무엇을 남길 것인가?

우리는 신앙의 여정을 따라 살아가며 수많은 말을 남긴다. 감동적인 설교, 지혜로운 조언, 멋진 고백도 있지만 진짜 신앙은 말보다 본(本)으로 남는다. 누군가의 기억 속에 나는 어떤 사람으로 남을까? "그 사람은 하나님을 진심으로 사랑했어," "그의 침묵과 눈빛이 오히려 복음이었다." 이런 말이 들려지는 삶이라면 그 자체가 하나님께 드려진 복음의 흔적이 아닐까?

진짜 변화는 복음을 자기 언어로 살아낼 때 시작된다. 남의 말이 아닌 나의 고백으로, 남의 삶이 아닌 나의 일상에서 복음이 녹아날 때 그곳에 진정한 전환이 일어난다.

신앙은 스스로를 비추는 거울이다. 거울은 비추는 도구지만 사후비평적 성찰은 비난하는 일이 아니다. 거울 앞에 선다는 것은 타인을 흉보려는 것이 아니라 나를 새롭게 살아내는 것이다. 나는 어떤 언어로 나의 신앙을 살아내고 있는가? 내가 고백하는 하나님은 실제로 나의 하루 속에서 어떤 방식으로 등장하고 있는가?

거울은 외면할 수 없다.

신앙은 스스로를 비추는 거울이다. 하나님의 말씀이 거울이라면 우리는 그 거울을 보고 지나칠 수 없다. 야고보서의 말씀처럼 거울을 보고도 자신의 얼굴을 잊어버리는 자는 듣기만 하고 행하지 않는 자이다. 이제 우리는 그 거울 앞에 서서 피할 수 없는 마지막 질문을 던져야 한다.

나는 어떤 신앙의 얼굴을 하고 있는가? 그리고 나는 어떤 얼굴로 오늘을 살아갈 것인가? 우리는 거울 앞에서 다시 시작해야 한다. 진정한 회복은 드라마틱한 사건이 아니라 반복되는 일상에서 거울을 바라보는 태도에서 시작된다. 반복해서 거울 앞에 서고 반복해서 자기 내면을 점검하며, 반복해서 하나님의 말씀 앞에 멈추는 삶, 우리는 이제 알고 있다.

말이 아니라 본으로, 명제가 아니라 실천으로, 정답이 아니라 관계로, 그분을 따르는 삶은 끝없는 순종의 걸음이라는 것을 그리고 그 걸음을 오늘도 걷기로 결심하는 순간, 우리는 다시 거울 앞에 선 신앙인이 된다.

"신앙은 고백하는 자에게 주어지는 것이 아니라 그 고백을 살아내는 자에게 길이 열리는 것이다." "다시 거울 앞에 서는 그 순간, 사후비평적 성찰은 실천으로 걸음을 옮기고, 실천은 믿음으로 꽃피운다."

있는 그대로의 나를 하나님의 시선으로

우리는 종종 스스로를 판단하고 기억 속 실수와 부끄러움에 머문다. 그러나 하나님은 우리를 정죄하지 않으신다. 그분은 오늘도 "잘하고 있다"라고 말씀하신다.

거울 앞에 설 때마다 하나님의 눈으로 나를 다시 바라보자. 성공보다 정직이, 성과보다 진심이, 계획보다 기도가 소중하다는 걸 다시 마음에 새기며…

교회는 그 자체로 공동체의 거울이다. 우리가 만든 제도, 예배의 형식, 리더십의 태도, 성도들의 참여 방식… 이 모든 것이 하나님 나라를 얼마나 담고 있는가? 교회가 거울 앞에 서지 않으면 외형은 유지되지만 생명력은 잃는다.

사후비평적 성찰은 단순한 반성이 아니라 새 출발을 위한 하나님의 초대다. 교회가 스스로를 돌아볼 때 공동체는 살아난다. 사후비평적 성찰은 신앙을 거울처럼 사용한다. 기존의 신념, 제도, 언어를 그대로 받아들이는 것이 아니라 그것들이 무엇을 숨기고 있는지를 비추어 본다. 어떤 믿음이 진짜이고 무엇이 시대의 문화에 의해 왜곡된 것인지를 구별한다. 신앙은 정체된 체계가 아니라 살아 움직이는 고백이다. 우리는 끊임없이 비추고, 성찰하고 다시 살아내야 한다.

거울은 정죄가 아니라 변화의 도구다. 성찰이 끝이 아니라 '다시 살아가는 길'로 이어질 때 공동체는 하나님 나라의 생명력을 회복한다. 익숙한 구조를 질문하고 중심에서 벗어난 이들을 다시 초대하고 성과보다 존재를, 관행보다 복음을 선택할 때 교회는 하나님 나라의 얼굴을 회복하게 된다. 거울 앞에 선 교회는 자신을 비추며, 세상을 밝히는 빛이 된다. 신앙은 스스로를 비추는 거울이다. 거울 앞에 멈춘 순간, 진짜 신앙이 시작된다.

"나는 늘 남을 비추는 거울인 줄 알았어요." 어느 성도는 주일예배 중 설교자의 눈물이 자신을 울렸다고 했다. 그 눈물은 단순한 감정이 아니라 성찰에서 나온 고백처럼 느껴졌다." 오랜만에 예배당에서 내 상처를 하나님께 보여드렸다. 그때 나도 내 눈물을 참지 않았다.

신앙은 스스로를 비추는 거울이다. 정훈은 목회자의 자녀로 자랐다.

교회에서 칭찬받는 아들이었고, 늘 '모범'이라는 타이틀을 달고 살았다. 그에게 신앙은 타인을 향한 빛이었고 자신은 그 빛을 반사하는 '거울'이라 생각했다. 그러나 나이가 들수록 그는 자꾸만 마음속에서 메마름을 느꼈다. "나는 누구를 위해 이렇게 사는 걸까?"

어느 날 정훈은 한 설교에서 "신앙은 남을 비추는 거울이 아니라 자기 자신을 먼저 비추는 거울이다"라는 말을 들었다. 그 말은 마치 오래 잠들어 있던 마음을 두드리는 망치 같았다. 그는 처음으로 거울 앞에 혼자 섰다. 그리고 자신의 상처, 분노, 외로움, 인정받고 싶은 욕망을 하나하나 마주했다. 그 순간 눈물이 났다. 거울 앞에 선 자신은 너무도 인간적이었고, 너무도 은혜가 필요했다. 이후 정훈은 더 이상 사람들에게 무언가를 보여주려 하지 않았다. 대신 자기 자신을 먼저 바라보고 그 안에서 하나님의 얼굴을 발견하고자 했다. 그는 고백했다. "신앙은 연기하는 게 아니라, 있는 그대로 마주하는 것이었어요."

이 마지막 이야기는 모든 독자에게 던지는 묵직한 질문이기도 하다. 신앙은 스스로를 비추는 거울이다. 당신은 지금 어떤 거울 앞에 서 있는가? 거울 앞에서 시작된 신앙이 진짜 변화의 시작이 된다.

오늘도 다시, 거울 앞에 서자. 매일 아침, 거울 앞에 서는 3분이면 충분하다. 잠시 멈추어 마음을 들여다보고 하나님 앞에서 오늘 하루의 방향을 정하는 것, 어제는 넘어졌어도 오늘은 다시 걷기로 결심하며 "오늘 나는 어떻게 살아낼 것인가?를 묻자.

복음은 언제나 다시 시작하는 사람과 함께 걷는다. 신앙은 거울 앞에 선 용기이며, 성찰로부터 다시 시작하는 하나님 나라의 여정이다. 중요한 것은 거울 앞에 선 그 순간의 결심이 일상의 실천으로 이어지는 것이다.

한 교회에서는 사후비평적 성찰 운동을 도입하여 매주 예배 후 10분간 '성찰의 시간'을 갖는다. 예배 중 느꼈던 마음의 울림이나 도전받은 내용을 작은 종이에 적어 나눔 게시판에 붙이고 서로의 생각을 나누는 시간을 마련한다.

몇 달이 지나면서 공동체 분위기가 눈에 띄게 변화했다. 형식적이고 습관적인 신앙에서 벗어나 매주 작은 성찰과 실천이 자연스럽게 일상이 되었다. 한 성도는 말했다. "전에는 예배가 끝나면 그냥 돌아갔는데, 이제는 한 가지라도 삶에서 실천해 보려는 마음이 생겼어요."

개인적인 변화도 있었다. 한 성도는 가족과의 관계에서 늘 감정을 억누르며 소통했는데, 사후비평적 성찰을 통해 자신의 두려움과 회피하는 태도를 발견하게 되었다. 이후 그는 용기를 내어 가족과 대화를 시작했고 오랜 갈등이 조금씩 풀리기 시작했다. "사후비평적 성찰은 저를 불편하게 했지만 덕분에 잊고 있던 가족의 마음을 다시 바라볼 수 있었어요." 그의 고백이다.

거울 앞에서 다시 시작하는 삶은 사후비평적 성찰에서 시작된다. 사후비평적 성찰은 다음의 길을 따른다.

무엇이 보이지 않았는가?

나는 어디에 익숙해졌는가?

하나님은 무엇을 말씀하시는가?

나는 무엇을 다시 살아낼 것인가?

이 질문은 일상에서 지속적으로 우리를 새롭게 만든다. 진정한 회복은 드라마틱한 사건이 아니라, 반복되는 일상에서 거울을 바라보는 태도에서 시작된다. 이번 장의 실천을 통해 성찰이 감상에 머무르지 않고 삶의 작은 변화로 이어지는 경험을 할 수 있기를 기대한다.

마치며

당신의 삶이 하나님께 드려지는 복음이 되기를
말이 아닌 본으로,
지식이 아닌 사랑으로,
눈물이 아닌 회복으로,

당신의 삶 전체가 하나님께 드려지는 '살아 있는 복음'이 되기를 소망하며 이 책의 마지막을 덮어간다. 우리는 함께 하나님 나라를 이루어가는 신앙공동체이다. 함께 거울 앞에 서고 서로의 성찰을 격려하며 변화의 작은 발걸음을 응원하는 교회가 되기를 소망한다.

이 책에서 반복적으로 다룬 사후비평적 성찰은 자기 삶을 다시 구성하고 사회적 구조와 관계망 속에서 나의 신앙을 점검하고 공동체적 실천으로 이어지도록 돕는 신앙의 도구이다. 단지 학문적 방법론이 아니라 삶의 태도이며 믿음의 길이다.

내가 실제로 행동으로 옮길 신앙의 한 걸음은 나의 '거울 앞 기도'이고 결심의 문장이다. 나는 거울을 손에 들고 지난 과거를 돌아본다. 내가 말한 것과 실제 삶이 얼마나 일치했는지를 조용히 묵상하며 한 줄 결단을 작은 포스트잇에 적어 공동체 게시판에 붙였다.

"말보다 삶으로 사랑하겠습니다."
"자녀들과 약속을 지키겠습니다."
"비평보다는 경청하겠습니다."

사후비평적 성찰은 개인적인 고백으로 끝나지 않고 공동체의 실천으로 확장된다. 한 교회는 회심보다 '회복'을 강조했고 변화보다 '일상 속에서 살아가는 믿음'을 중요하게 여겼다. 이것이 『신앙 22°』가 지향하는 균형 잡힌 믿음의 모습이다.

나는 지난 시간 동안 나의 신앙을 어떻게 돌아보았는가?
그 사후비평적 성찰이 나의 삶에 어떤 변화를 가져왔는가?
앞으로 내가 실천으로 연결하고 싶은 신앙의 결단은 무엇인가?

끝이 아니라 다시 시작

거울 앞에 선다는 것은 매일의 신앙이다. 감정이 흐려질 때, 열정이 식을 때, 관계가 멀어질 때 우리는 거울을 멀리하게 된다. 그러나 그럴수록 다시 거울 앞에 서야 한다.

나는 이 책을 통해 10번의 질문을 던졌다. 그 질문들은 교리나 신학을 확인하기 위한 것이 아니라 삶과 믿음 사이에 생긴 벌어진 '틈'을 사후비평적 성찰하기 위한 것이었다.

말은 기억에 남지만, 본은 사람을 변화시킨다. 이제 "나는 무엇을 남길 것인가"라는 마지막 질문을 붙잡아야 한다. 거울 앞에 선 신앙은 변화된 얼굴을 추구하지 않는다. 있는 그대로의 나를 하나님의 시선으로 바라보며 다시 하루를 살아내는 용기를 가져본다.

이제 책장을 덮는 순간, 당신이 진짜로 살아낼 차례이다.
거울을 보고, 거기서 멈추지 않고, 오늘도 다시 걸어가자.
당신의 삶이, 하나님께 드려지는 복음이 되기를~
신앙은 스스로를 비추는 거울이다.
거울 앞에 선 신앙인으로,
당신과 함께~

이 책 신앙 22°는 단순한 신앙 에세이가 아니다. 그보다는 '신학적 사고의 전환'을 제안하는 교재가 되기를 바라는 마음으로 썼다. 이를 위해 이 책이 바탕하고 있는 "사후비평적 성찰(post-critical reflection PCR)"의 이론적 배경을 간단히 소개하고자 한다.

부록 A   현실에 응답할 수 있는 신앙의 새 길 – 왜 사후비평적 성찰인가?

사후비평적 성찰이란?

목회신학자 아치 스미스(Archie Smith)의 저서 『The Relational Self』에 나타난 신학적 논의를 토대로 필자의 박사학위 논문에서 이를 사후비평적 성찰의 틀 안에서 방법론적으로 확장하였다.

이는 단순한 '비평'이나 '해체'에서 멈추지 않고 비평 이후(post-critical)의 회복적이고 재구성적인 시선을 지닌 성찰을 의미한다. 이는 한 사람의 사건 이후(after the event) 삶을 다시 바라보는 시선이 되기도 한다. 곧 비평을 통해 진실을 드러내되 그 잔해 위에 새로운 관계, 새로운 의미, 새로운 진리를 세우는 여정이다. 과거를 해체하되, 미래를 재건하는 믿음의 새로운 프레임이다. 여기서 말하는 '비평'은 비난이 아니라 사실을 있는 그대로 직면하고 해석하는 작업이다.

왜 지금 '사후비평적 성찰인가?

오늘날 기독교는 한편으로는 경직된 전통에 묶여있고 다른 한편으로는 해체적 비판에 휩싸여 있다. 사후비평적 성찰은 이 양극단을 넘어 자유와 삶이 연결된 신앙, 관계와 내면이 어우러진 복음, 공동체 속에서 살아 숨 쉬는 진리를 추구한다. 이것은 단순히 과거를 비판하는 작업이 아니라 앞으로 어떻게 살 것인가를 묻는 성찰의 실천이다.

사후비평적 성찰이 이끄는 신앙의 길

우리는 지금 너무 많은 것을 알고 있지만 너무 적게 돌아보고 있다. 말은 넘치지만 본을 잃어버린 시대, 행동은 빠르지만, 근거는 얕고 이유는 흐릿하다. 그 결과 신앙은 "그때그때 맞는 말"은 풍성하지만 "살아내는 본"은 결핍된 종교로 전락하고 있다.

"성찰하라." 이 말은 이미 교회에서 자주 들리는 말이다. 그러나 그 성찰은 대체 무엇을 성찰하고 어디까지 돌아보며 어떻게 실천으로 이어져야 하는가?

아치스미스(Archie Smith Jr.)는 "사후비평적 성찰"이라는 개념을 통해 지금 우리가 잃어버린 성찰의 깊이와 방향성을 회복하자고 제안한다. 그는 "사후비평적 성찰은 성찰의 본질에 대한 성찰이다."라고 말한다. 단순히 내가 어떤 행동을 했는지를 돌아보는 것이 아니라 "왜" 그 행동을 했는지, 그 생각이 어디서 비롯되었는지, 나의 사고와 사회 시스템이 어떻게 연결되어 있는지를 분별해 내는 지적이자 실천적인 탐구이다. 그리고 그것은 단지 개인의 내면적 정화 과정이 아니다. 성찰은 곧 사회적 실천이며 그 자체로 행동이다.

사후비평적 성찰은 이렇게 묻는다.
왜 이런 생각을 하게 되었는가? 이 행동의 기준은 어디서 온 것인가? 지금 누구의 시선으로 세상을 판단하고 있는가? 교회가 지닌 이 익숙한 전통은 누구를 위해 만들어졌고, 누구를 배제해 왔는가? 우리가 당연하게 여기며 기준으로 설정한 "22°C"(72°F)는 정말 모두에게 완벽한 온도의 이상적인 기준인가?

아치 스미스는 온도조절기의 비유를 들며 우리가 무비판적으로 받아들이는 "적정 온도"에 대해 문제를 제기해야 한다고 주장한다. 단지 온도를 맞추는 피드백을 반복하는 것이 아니라, "왜 22도인가?"라는 질문을 던질 수 있는 존재가 되자는 것이다.

신앙도 마찬가지다. 회개와 반성, 고백과 순종도 중요하지만 그것이 반복되는 동안 "왜 이 신앙을 살아내야 하는가?" "나는 누구이며 무엇을 위해 믿는가?"에 대한 성찰이 없다면 결국 우리는 경건의 형식 속에 스스로를 가두게 될 뿐이다. 이런 점에서 사후비평적 성찰은 단순히 지적인 사고법이 아니다. 삶을 뚫고 나가는 길이며 내면과 공동체를 다시 연결하는 믿음의 통로다.

지금 이 시대를 살아가는 우리는 그 어느 때보다도 이 깊고 반복적인 성찰의 흐름 속으로 들어가야 한다. 우리가 잃어버린 본을 다시 붙잡기 위해서, 보이지 않던 질문을 회복하기 위해서, 그리고 무엇보다 신앙이 말이 아니라 삶이 되도록 하기 위해서이다.

사후비평적 성찰, 그 의미와 배경

사후비평적 성찰(Post-Critical Reflection PCR)은 단어 자체만 보면 어려워 보이지만 사실 우리가 신앙의 진정성을 회복하려 할 때 반드시 거쳐야 할 '살아있는 질문'의 방식이다.

아치 스미스는 이 성찰을 다음과 같이 정의한다. "성찰의 본질에 대한 성찰" 이는 단순한 자기반성이나 회고와는 다르다. 단지 "내가 잘못했다"라는 후회에 머무르지 않고 "왜 나는 이런 선택을 했는가?" "무엇이 나를 그렇게 행동하게 했는가?" "이 기준은 누구의 것인가?" "나는 누구의 눈으로 세상을 보고 있었는가?"라는 근본적 물음을 반복하여 던지는 과정이다.

아치 스미스는 이 과정을 '정신적 활동'이라고 부르면서도 그 결과는 반드시 '사회적 행동'으로 연결되어야 한다고 강조한다. 즉 진정한 성찰은 머릿속에서 끝나는 것이 아니라 삶을 바꾸고 관계를 바꾸고 공동체를 변화시키는 행동으로 이어져야 한다는 것이다. 그는 이 과정을 'praxis'라고 부른다. 단순한 행동(action)이 아니라 "반영된 실천(reflective practice)", "비평적 사고를 통한 지속적인 행동"이다.

예를 들어 어떤 공동체 안에서 우리는 익숙한 규범과 전통에 따라 행동한다. 하지만 사후비평적 성찰은 이렇게 묻는다. 왜 우리는 그 전통을 따르는가? 그 규범은 누구를 위한 것인가? 왜 이 구조가 유지되어야만

하는가?

아치 스미스는 사람들이 단순히 사회를 반영하는 거울 같은 존재가 아니며 기계적으로 반복된 행동을 재생산하는 존재도 아니라고 말한다. 우리는 자의식적이며, 성찰적 행위자이고 복잡한 사회 안에서 변화 가능성을 품고 있는 역동적인 존재다.

그는 "사람은 지금-여기에서 자신의 행동을 성찰할 수 없으며 항상 '과거시제에서만' 성찰이 가능하다." 이것이 모도 프래테리토(modo praeterito), 이미 지나간 순간에서만 자신의 진짜 모습을 볼 수 있다는 뜻이다.

내가 한 행동을 돌아보게 하는 건 타인의 반응이요, 관계 속의 반추이며, 그 반응 속에서 비로소 나는 내가 누구인지, 어떤 의미를 가졌는지 인식하게 된다. 이 성찰은 개인적 차원에 머물지 않는다. 사회 구조, 집단의 문화, 공동체의 무의식적 선택까지도 드러낸다.

예컨대 한국 사회가 다문화·다인종·양성 평등 사회임에도 불구하고 권력의 중심에는 여전히 특정 집단이 자리하고 있다면 그 차별과 불균형을 "불편한 진실"로 꺼내어 보는 것, 이것이 사후비평적 성찰의 시작이다.

그리고 이것은 신앙공동체도 예외일 수 없다. 성별, 세대, 장애 여부, 경제 수준, 교육 수준에 따라 교회 안의 역할과 발언권이 차별적으로 배분되고 있다면 그 '보이지 않는 온도 설정'은 "22도"라는 기준처럼 누군가에겐 익숙하고 편안하지만, 누군가에겐 침묵을 강요하는 억압일 수 있다.

이제 우리는 물어야 한다.
- 왜 22도인가?
- 그 기준은 누가 만들었는가?
- 지금의 교회 구조는 모두를 위한 것인가?
- 내 안의 기준은 누구의 목소리를 담고 있는가?

이것이 사후비평적 성찰이다. 그리고 이 성찰은 우리가 신앙의 이름으로 당연하게 여겨온 것들에 '괄호'를 치고 그 안을 다시 들여다보고, 필요하다면 재구성하는 용기를 요구한다.

왜 지금, 왜 우리에게 필요한가?
- 현대인의 신앙과 삶에서의 절박성 -

사후비평적 성찰은 단순히 한 시대의 지적 유행이 아니다. 그것은 지금 이 시대의 교회와 성도, 사회 전체가 마주한 위기 앞에서 거부할 수 없는 요청이며 지금 여기를 살아가는 우리가 감당해야 할 실존적 과제다.

우리는 '개인주의'와 '자본주의'가 내면화된 시대를 살아가고 있다. 관계는 얕아지고 공동체는 파편화되며 심지어 신앙마저도 경쟁적이고 상품화되었다. 사람들은 같은 공간에 있지만 서로의 삶과 아픔, 고통과 고민에는 더 이상 깊이 연대하지 않는다. 그 결과 교회는 '거룩한 소비자 집단'으로 오해되기 시작했고 신앙은 '위로의 서비스'로 축소되었으며 지도자들은 '도덕적 해이(moral hazard)'의 유혹 앞에 무력해지고 있다.

이 모든 현상은 더 이상 '말씀'만으로는 충분하지 않다는 것을 보여준다. 더 이상 '감정'만으로도 견딜 수 없다는 것을 의미한다. 지금 우리에게 필요한 것은 말씀과 감정을 넘어선 성찰의 용기이며 나 자신을 포함한 공동체 전체를 비평하고 재구성하려는 믿음의 실천이다.

아치 스미스는 이를 "가설적 세계(assumptive world)"라는 개념으로 설명한다. 모든 사람은 자신의 내면에 보이지 않는 신념 체계를 가지고 살아간다. 우리가 무엇을 가치 있게 여길지, 무엇에 분노할지, 누구를 믿고, 누구를 멀리할지를 무의식적으로 결정한다.

이 가설적 세계는 경험, 관계, 사회적 배경, 이데올로기를 통해 형성되며 많은 경우 자신도 모르게 억압과 차별, 왜곡된 기준을 내면화하게 만든다. 그래서 우리는 늘 자신의 내면을 반성하지 않으면, 늘 자신이 가진 기준을 의심하지 않으면 정의롭고 옳다고 생각하면서도 타인을 상처 입히고 공동체를 파괴할 수 있다. 이렇듯 사후비평적 성찰은 보이지 않는 기준을 드러내고 그 기준이 나를, 우리를, 교회를 어떻게 형성해 왔는지를 질문한다. 그리고 그 질문은 결국 새로운 관계, 새로운 교회, 새로운 나를 만들어가는 용기로 이어져야 한다.

아치 스미스는 "인간은 대안적 미래를 구성할 수 있는 존재다."라고 말한다. 사후비평적 성찰은 그 미래를 시작하는 첫걸음이다. 한국교회 역시 이제 이 질문을 회피할 수 없다.
- 지금의 구조는 누구를 배제하는가?
- 지금의 언어는 누구를 침묵시키는가?
- 지금의 시스템은 누구의 고통을 외면하는가?

이런 질문 없이 회개는 깊어질 수 없고 이런 질문 없이 변화는 지속될 수 없다.

지금 우리에게 필요한 것은 "한 번 더 예배를 드리는 것"이 아니라 "한 번 더 사후비평적 성찰하고 행동하는 것"이다. 사후비평적 성찰은 지금 이 시대를 사는 모든 사람에게, 특히 신앙공동체 안에 있는 사람들에게 더 이상 미룰 수 없는 실천의 과제로 다가오고 있다.

공동체적 실천으로서의 사후비평적 성찰
- 교회와 팀 안에서의 재구성 -

사후비평적 성찰은 혼자만의 명상이 아니다. 이 성찰은 언제나 공동체 안에서의 관계 그리고 그 관계를 통한 새로운 시선의 확장을 전제한다. 우리는 흔히 성찰을 개인의 내면적 활동으로 여기지만 아치 스미스는 분명히 말한다. "자기의식(self-conscious)은 타자를 통해서만 형성된다." 다시 말해 우리는 혼자 성찰할 수 없다.

우리는 타자의 반응 속에서, 공동체의 대화 속에서, 비로소 자신의 말과 행동을 돌아보게 된다. 그래서 사후비평적 성찰은 공동체적 성찰이며, 집단적 학습이며, 팀으로서 함께 걷는 실천적 여정이다.

이 성찰은 다음의 질문으로부터 출발한다. 우리 공동체는 어떤 기준을 당연하게 여겨왔는가? 우리는 누구의 목소리를 듣지 못하고 있었는가? 지금 우리의 시스템은 누구를 포함하고, 누구를 배제하는가? 내가 믿고 고수해 온 '정상성'은 과연 누구를 위한 것인가?

아치 스미스는 이를 가설적 세계의 공유와 비평으로 설명한다. 모든 사람은 내면에 자신만의 작은 사회, 즉 가설적 세계를 가지고 있다. 그 세계 안에는 신념, 가치, 기대, 상처, 관습, 성경 해석까지도 포함된다.

하지만 이 세계는 대부분 비공유된 채로 비평 없이 습관적으로 유지된다. 그 결과 공동체 안에는 보이지 않는 벽, 말할 수 없는 금기, 무의식적인 권력 구도가 자리 잡게 된다. 사후비평적 성찰은 이 개인의 가설적 세계를 공동체 안에서 함께 나누고, 경청하고, 비평하고, 새롭게 구성하려는 용기 있는 행동이다.

예를 들어 교회 안에서 목사와 장로 사이의 "불가근불가원"의 거리감이 오랫동안 당연시되어 왔다면 그 거리가 어디서 왔는지, 그 관습이 누구에게 상처를 주었는지 그리고 지금 다시 재구성할 수는 없는지를 질문하고 토론해야 한다.

이러한 성찰은 교회의 시스템을 재구성하고 리더십의 정체성을 새롭게 되찾고, 더 깊은 신뢰의 공동체를 만드는 초석이 된다. 여기서 중요한 점은 이 과정이 단순히 '비평'에 머물지 않고, 행동으로 이어져야 한다는 것이다. 비평만 있고 실천이 없다면, 그 성찰은 냉소로 흐르고 만다.

　사후비평적 성찰은 "괄호치기(가림막 걷어내기)"와 "재구성(새로운 걸음 만들기)"이라는 두 원리를 통해 신앙공동체가 지금의 구조를 넘어 미래의 방향으로 나아가게 하는 통로를 연다.

　- 괄호치기(가림막 걷어내기)란 무엇인가?
　: 지금까지 당연했던 것을, 한발 물러나서 괄호로 묶어두고 보는 것이다.
　: 일시적으로 멈추고, 주시하고, 질문하는 것이다.

　- 재구성(새로운 걸음 만들기)이란 무엇인가?
　: 비평을 넘어서, 더 나은 형태로 다시 짜는 것이다.
　: 내면화된 기준과 사회적 시스템을 다시 설계하는 것이다.

　교회는 이제 물어야 한다.
　- 우리는 누구의 이야기로 구성된 공동체인가?
　- 우리는 누구를 초대했는가, 누구를 외면했는가?
　- 우리는 무엇을 '하나님의 뜻'이라 말했는가, 그것은 누구의 시선이었는가?

이러한 성찰이 없이 어떻게 교회가 다시 교회다워질 수 있을까? 그러므로 사후비평적 성찰은 단지 개인의 정화를 위한 도구가 아니라 공동체를 생명력 있게 되살리는 길이며 신앙의 근육을 키우는 반복적이고 관계적인 실천이다. 이 성찰이 있는 교회는 비로소 "말"이 아니라 "본"으로 살아가는 교회, 행동으로 신앙을 증명하는 공동체로 서게 된다.

보이지 않는 온도, 상호작용 그리고 괄호치기와 재구성의 원리, 사후비평적 성찰의 핵심은 우리가 무의식적으로 따르고 있는 기준에 대해 질문하고 그 기준을 '잠시 멈추어 괄호로 묶어두고 바라보는 것'에서 시작한다.

아치 스미스는 이 과정을 비유적으로 설명한다. 우리는 종종 삶의 '온도'를 자동으로 맞추는 조절기처럼 살아간다. 익숙한 온도는 22°C(72°F) 기준이 조금만 벗어나도 조절기가 자동으로 반응하여 원래대로 되돌려 놓는다. 이 피드백 시스템은 효율적이지만 위험하다. 그 기준이 정당한지, 누구를 위한 것인지, 왜 그것이 '정상'이라 불리는지 질문하지 않기 때문이다.

아치 스미스는 "왜 22도인가?"인지 묻는다. 이 질문은 단순한 물음이 아니다. 사회에 내재된 기득권, 전통이라는 이름으로 작동하는 억압, 누군가에겐 불편한 '정상성'의 감옥을 드러내는 질문이다. 우리는 익숙함에 중독되어 있다. 그래서 지금까지의 기준을 쉽게 의심하지 못한다. 교회의 구조, 가정의 역할, 리더십의 형태, 설교의 언어… 모두가 22도로 맞춰져 있다. 그러나 사후비평적 성찰은 이렇게 말한다.

"그 온도는 누가 정했는가?"

"그 온도가 모두에게 안전하고 평안한가?"

"그 온도 안에서 침묵하고 있는 목소리는 없는가?"

이때 필요한 것이 바로 괄호치기(bracketing)와 재구성(reconstruction)이다.

괄호치기(가림막 걷어내기)란?

'괄호치기'는 철학적으로는 후설(Husserl)의 현상학적 용어로 어떤 대상에 대한 선입견과 판단을 잠시 중단하고 있는 그대로 바라보려는 시도이다. 신앙공동체에 적용하면, 이는 다음과 같은 질문이 된다.

- 이 전통은 누가 만들었는가?
- 우리는 왜 이 예배 순서를 당연하게 여기는가?
- 지금의 교회 구조는 모두를 위한 것인가?
- 나는 누구의 신학, 누구의 경험으로 성경을 해석하고 있는가?

괄호치기는 단지 반항이 아니다. 존중을 전제로 한 질문이며 관계의 틀을 지키며 더 깊이 들어가기 위한 열린 시도이다. 우리는 이 과정을 통해 익숙한 것의 정당성을 검토하고 비가시적 억압을 드러내며 자기중심적 시선을 내려놓고 잠시 괄호로 묶어두고 타자의 시선으로 나를 바라보게 한다.

재구성(새로운 걸음 만들기)이란?

'재구성'은 단순히 해체하는 데 그치지 않는다. 무너진 틀을 다시 짜되, 더 많은 목소리가 들리고, 더 다양한 삶이 존중받으며 더 나은 방향으로 함께 걸을 수 있는 공동체를 만들어내려는 노력이다. 이 과정은

- 신학의 언어를 다시 쓰게 하고
- 교회의 리더십을 재조명하게 하며
- 예배의 형식을 새롭게 상상하게 하고
- 신앙의 실천을 일상으로 연결시키게 만든다.

결국 괄호치기와 재구성은 사후비평적 성찰의 두 축이다. 멈춤과 전진, 해체와 창조, 물음과 희망이 서로 맞닿은 그 지점에서 우리는 진정한 의미의 신앙적 실천을 시작할 수 있다.

자기의식과 공동체의 변혁
-나의 성찰이 교회를 살린다.-

"나는 누구인가?"라는 질문은 신앙의 시작이자, 성찰의 출발점이다. 하지만, 이 질문은 결코 혼자서 완성될 수 없다. 아치 스미스는 "자기의식(self-conscious)은 타자와의 관계에서만 출현한다."라고 강조한다.

사람은 타인의 응답 속에서 자신을 인식하고 공동체의 상호작용 속에서 자기를 정립한다. 이 자기의식은 단순한 자아 인식이 아니라 사회적 존재로서의 나, 공동체 안에서의 나, 하나님 앞에서의 나를 동시에 포함

한다.

　이 성찰은 고립된 신자에게서 나오지 않는다. 관계와 연대 속에서만 살아난다. 신앙은 관계다. 신앙은 본질적으로 하나님과의 관계, 타인과의 관계로 엮여 있다. 하지만 관계없는 회개, 공동체 없는 신앙은 결국 나만의 종교로 사라져 버릴 수 있다. 그러므로 사후비평적 성찰은 "나를 위한 성찰"이 아니라 " 관계를 위한 성찰", "공동체를 위한 성찰", "변화를 위한 성찰"이다.

　이런 점에서 아치 스미스는 "흑인 공동체"를 예로 들며 말한다. 억압받은 집단의 자기의식은 자기 내부로부터의 해방과 외부로부터의 해방을 동시에 필요로 한다. 이는 단지 흑인의 이야기만이 아니다. 이 시대의 교회가, 성도 개개인 그리고 우리가 속한 모든 공동체가 함께 품어야 할 질문이다.
　- 우리는 누구로부터 자유로워야 하는가?
　- 우리는 어떤 틀 안에 갇혀 있는가?
　- 우리는 서로를 어떻게 묶고 있었는가?
　- 그리고 무엇으로부터 공동체를 해방시킬 것인가?
이러한 질문은 우리로 하여금 불편함을 직면하게 하고, 관계를 재정의하게 하며 사명을 회복하게 만든다.

　사후비평적 성찰은 교회를 살린다. 이 성찰은 교회를 정죄하려는 것이 아니다. 다시 살리려는 것이다. 정직하게 우리 자신을 바라보고 공동체가 품지 못했던 이들을 다시 안고, 보편적인 은혜를 실제 삶으로 흘려보내기 위한 시도다.

   우리가 교회에 묻지 않으면 세상은 묻기 시작할 것이다. 그리고 그 질문 앞에 우리는 "하나님의 뜻"이라는 말만 반복할 수밖에 없다. 자기의식은 말과 본 사이를 잇는다. 우리가 반복적으로 고백하는 신앙의 언어를 살아낸다는 본의 자리로 이끄는 연결고리다. 그래서 스미스는 교회가 다음과 같아야 한다고 말한다.
   "하나님을 찬양하고 인간을 고양시키며 도덕적 사고와 행동을 지지하는 성찰적이고 행동 중심적인 공동체,"

   이 말은 오늘의 한국교회에도 여전히 유효하다. 우리가 서로를 돌보지 않는다면, 우리가 기준을 되돌아보지 않는다면, 우리가 괄호치고 재구성하지 않는다면 변화는 없다. 생명은 메마른다. 그리고 신앙은 낡은 언어가 된다. 하지만 지금 우리가 사후비평적 성찰을 시작한다면 우리의 정체성은 회복되고 공동체는 재구성되며 교회는 다시 살아날 수 있다.

부록 B 공동체 적용 가이드 및 워크북 사용 안내

『신앙 22°』는 독자가 읽는 데서 그치지 않고 삶에서 실천하고 변화되기를 바라는 마음으로 쓰고자 했다. 그래서 사후비평적 성찰을 실천할 수 있도록 구성된 워크북을 부록으로 함께 실었다. 이 워크북은 필자가 연구 논문에서 정리한 세 가지 성찰 구조, 즉 '상호작용의 원리', '괄호치기의 원리', '재구성의 원리'를 바탕으로 구성되었다.

그러나 이 책에서는 독자가 더 친근하게 실천할 수 있도록 다음과 같이 일상의 언어로 새롭게 풀어내었다.
 - 마주보는 신앙(상호작용의 원리)
 - 가림막 걷어내기(괄호치기의 원리)
 - 새로운 걸음 만들기(재구성의 원리)

왜 이렇게 바꾸었나? 그 이유는 신앙적 성찰이 머리에서만 멈춰선 안 되고 가슴으로 흐르고 삶으로 드러나야 하기 때문이다. 딱딱한 개념어가 아니라 독자의 마음과 일상에 다가갈 수 있는 언어로 친근하게 이 언어를 새롭게 담고자 했다.

- 워크북의 구성 -

워크북은 각 장의 주제를 따라 4단계 구성으로 이루어져 있다.

"이 워크북은 각 장을 읽은 후 개인 묵상 혹은 소그룹 나눔 시간에 사용할 수 있도록 구성하였다."

함께 생각해 볼 질문
각 장의 핵심 주제를 나의 삶과 연결해 보고, 마음을 여는 질문들이다.

1. 거울 앞에 서 보기
- 마주보는 신앙(상호작용) 활동
- 나 자신과 타인과의 관계에서, 나는 어떻게 반응하고 어떤 마음으로 살아가는지 되돌아보는 상호작용이다.

2. 마음의 안경 벗기
- 가림막 걷어 내기(괄호치기) 활동
- 나의 성찰을 가로막는 감정, 사고방식, 경험의 '가림막'을 발견하고 걷어낸다. 정직하게 내면을 들여다보며 불편한 감정과도 마주하는 시간이다.

3. 새로운 걸음 만들기(재구성) 활동
- 성찰이 단지 멈춤에 머물지 않고 구체적인 실천과 변화로 이어지도록 한 걸음을 내딛는 연습이다.

4. 한 주 실천해 보기
- 일상에서 바로 실천할 수 있는 작고 구체적인 행동들을 제안한다.

- 성찰과 실천이 이어지며 신앙의 선순환을 만들어가는 길이다.

이 책에서 사용된 '마주보는 신앙', '가림막 걷어내기', '새로운 걸음 만들기'는 필자의 학문적 논문에서 정리했던 성찰의 3원리를 삶의 언어로 재구성한 표현이다.

처음 논문에서는 이 원리들을 신학적 성찰과 실천을 위한 구조적 도구로 제시했다. 하지만 이 책에서는 독자들이 더 친근하고 자연스럽게 삶에 적용할 수 있도록 따뜻하고 실천 가능한 언어로 바꾸었다.

사후비평적 성찰은 머릿속의 작업이 아니라 살아 움직이는 삶의 흐름이어야 한다. 그래서 부록의 워크북도 학문적 설명보다 마음을 여는 언어 그리고 일상에서 실천으로 이어지는 안내로 구성하였다.

성찰이 실천으로 이어지고 그 실천이 다시 새로운 성찰로 이어지는 신앙의 선순환이 우리의 삶과 공동체를 깊이 변화시킬 수 있다. 이 워크북이 여러분 각자의 삶에 작은 울림과 변화를 불러오는 소망의 거울이 되기를 바란다.

- 사후비평적 성찰을 위한 일상 질문 가이드 -
원리 I: 마주보는 신앙(상호작용)의 원리 - 관계 속에서 나를 비춰보기
상처는 관계에서 생기고, 회복도 관계에서 시작된다. 내가 한 말보다,

그 말이 어떻게 들렸는지를 묻는 순간, 나의 세계는 조금 더 넓어진다. 상호작용의 원리는 이렇게 말한다. "혼자 생각하지 말고, 함께 돌아보자."

누군가와 함께 나의 감정을 들여다보는 대화는 스스로도 몰랐던 내 안의 상처와 의미를 발견하게 한다. 그 대화 안에서 '내가 너를 오해했구나', '내가 먼저 닫혀 있었구나' 하는 깨달음이 피어난다. 신앙이란, 혼자 정답을 찾는 일이 아니라 함께 진실을 나누는 대화 안에서 자라난다.

** 마주보는 신앙(상호작용)의 원리에 따른 질문 예시 **
"그때, 나는 누구와 어떻게 연결되어 있었나?"
최근 일상에서 마음이 복잡하거나, 화가 나거나, 불편했던 경험이 있었나요?
그때 당신은 무엇을 하고 있었나요?
그 상황에는 어떤 사람들이 함께 있었나요? 무엇이 당신을 그렇게 느끼게 했는지 구체적으로 설명해 보세요.
그 사건은 언제 일어났나요? 시간이 지난 지금도 여전히 영향을 주고 있나요?
그 당시 당신의 즉각적인 생각과 감정은 어땠나요?
그 반응에 영향을 준 외부 요인은 어떤 것이었나요?
- 예: 환경, 날씨, 시간, 사람, 분위기 등
다른 사람들과 어떤 상호작용이 있었나요?
그들이 당신의 반응에 어떤 영향을 주었나요?
그들의 생각은 당신과 같았을까요, 달랐을까요?

원리 II: 가림막 걷어내기(괄호치기)의 원리 – 익숙한 해석을 잠시 멈추기

"그건 틀렸어." "그건 죄야." "그건 믿음이 아니지." 우리는 너무 쉽게, 너무 익숙하게 이런 말을 하며 자기 안에 세워진 기준으로 모든 것을 해석한다. 괄호치기의 원리는 여기에 이렇게 말한다. "그 기준을 잠깐 괄호 속에 넣어보자."

지금 나의 판단이, 혹시 내가 배워온 전통의 언어는 아닌가? 내 감정을 가로막는 기준이 정말 하나님이 주신 것일까? 이 질문 앞에 잠시 멈출 수 있다면 우리는 새로운 시선으로 사람을, 나를, 하나님을 다시 보게 된다. 신앙이 깊어지는 순간은 내가 '확신하던 것'을 내려놓고 다시 묻는 데서 시작된다.

** 가림막 걷어내기(괄호치기)의 원리에 따른 질문 예시 **
"왜 나는 그렇게 반응했을까?"
그 반응에는 당신의 성격, 성향, 감정 습관 같은 내면 요인이 어떤 영향을 미쳤다고 생각하나요?
그 반응에는 사회적 규범, 문화, 신앙, 전통, 억압된 구조 같은 외부 요인이 작용했다고 느끼시나요?
그 사건에서 특별히 중요하게 느껴진 부분은 무엇이었나요?
왜 그것이 당신에게 중요했나요?
그 경험 속에서 당신의 신앙, 신념, 가치관이 어떤 역할을 했나요?
그런 신념과 가치관은 어디에서, 어떻게 형성된 것이라고 생각하나요?

원리 III: 새로운 걸음 만들기(재구성)의 원리 – 상처에서 싹트는 새길

삶에는 때때로 설명되지 않는 일이 생긴다. 기도했는데도, 노력했는데도, 망가지는 순간이 있다. 그때 우리는 신앙의 언어를 잃고 고통 앞에서 침묵하거나 억지로 해석하려 하기도 한다. 재구성의 원리는 이렇게 제안한다.

"그 고통을 그냥 다시 들여다보자. 그리고 그 안에서 '다르게 해석될 수 있는 가능성'을 발견해 보자."

아픔은 아픔으로 끝나지 않을 수 있다. 그때 내가 느꼈던 수치심이 지금은 공감의 언어가 되고 그때 내가 외면 받았던 기억이 지금은 누군가를 품는 손이 될 수 있다. 신앙은 실패와 상처 위에 새롭게 의미를 쌓아가는 용기다. 재구성이란, 내 인생에 다시 하나님을 초대하는 일이다.

** 새로운 걸음 만들기(재구성)의 원리에 따른 질문 예시 **
"이 경험이 내 삶에 어떤 새로운 길을 만들어 줄까요?"
이 경험을 지금 되돌아보면, 어떤 결론이나 배움을 얻었나요?
이 성찰은 당신의 현재 삶이나 일상과 어떻게 연결되나요?
그 사건을 통해 당신은 어떤 변화를 경험했나요?
내면적인 변화(생각, 태도, 감정 등), 외적인 변화(관계, 행동, 실천 등)
앞으로 비슷한 상황이 오면, 당신은 어떻게 다르게 반응할 것 같나요?
이 사후비평적 성찰을 통해 오늘부터 실천할 수 있는 작은 변화 한 가지는 무엇인가요?

사후비평적 성찰은 신앙을 부드럽게 만든다. 기억을 가볍게 다루지 않고, 감정을 억지로 덮지 않으며 그 안에 하나님이 어떻게 함께 계셨는지를 질문하며 걸어간다.

이 길은 결코 빠르지 않다. 그러나 이 길 위에서 만나는 신앙은 진실하다. 당신이 걷고 있는 그 삶의 자리에서 이 성찰이 조용한 위로와 회복의 언어가 되기를 간절히 소망한다.

워크북 1장 《질문할 용기, 고백할 믿음》
"하나님, 저는 오늘도 제 마음을 들여다보고 싶습니다."

함께 생각해 볼 질문
나는 요즘 내 신앙을 돌아볼 시간을 갖고 있나요?
그냥 습관처럼 믿고 있는 건 아닌가요?
내 믿음은 지금 진짜 내 삶에서 힘이 되고 있나요?

1. 거울 앞에 서 보기 – "나는 지금 어떤 모습일까?"
나를 돌아보는 시간, 우리가 거울 앞에 서면 얼굴을 보듯, 하나님 앞에 서면 마음을 볼 수 있다.

마주보는 신앙(상호작용의 원리) 활동
최근에 내 마음이 울컥했거나, 찔렸던 순간을 떠올려보세요.
그때 나는 어떤 기분이었나요? (예: 서운함, 외로움, 답답함)
그 감정을 통해 내가 진정으로 원하는 것은 무엇인가요?
그 감정 때문에 행동이나 생각에 어떤 변화가 있었나요?

2. 마음의 안경 벗기 – "잠깐 멈추고 다시 보기"
판단 멈추기
우리는 어떤 말을 들으면 바로 판단해요. "그건 틀렸어." "그건 믿음이 아니야." 그런데 혹시, 그 판단이 내가 배운 것일 뿐, 하나님이 지금 하시는 말씀은 아닐 수도 있어요.

　가림막 걷어내기(괄호치기의 원리) 활동
　문장을 완성해 보세요.
　나는 자주 (　) 때문에 돌아보는 걸 피한다. (예: 바빠서, 너무 아플까봐, 괜히 죄책감 들까봐)
　나는 성찰을 (　) 라고 오해하고 있었다. (예: 혼자 자책하는 것, 믿음이 약한 사람만 하는 것)
　사후비평적 성찰이 실천으로 이어지지 않는 이유는 (　) 때문이다. (예: 실천할 용기가 없어서, 다른 사람 눈치가 보여서)

3. 한 걸음 더 – "새롭게 시작하기"
　새로운 습관 만들기
　작은 습관 하나가, 큰 변화를 만들어요. 매일 5분만 '하나님 앞에서 나를 돌아보는 시간'을 만들어 보세요.

　새로운 걸음 만들기(재구성의 원리) 활동
　나만의 '신앙 습관 루틴' 만들기
　아침 또는 저녁에, 말씀 한 구절을 읽고,
　"내가 오늘 하나님께 여쭤볼 질문 1개"를 적어보세요. (예: 하나님, 왜 저는 자꾸 걱정할까요?)
　오늘 하루 붙잡고 싶은 신앙의 말 한 단어를 정해보세요. (예: "인내",

부록 175

"믿음", "사랑")

저녁에는 하루를 돌아보며, "내가 오늘 그 단어대로 살았나?" 점검해 보세요.

4. 한 주 실천해 보기

내가 평소에 질문하지 않았던 믿음의 주제 하나를 정해, 깊이 생각해 보세요. (예: 나는 왜 기도하는가? 내가 믿는 하나님은 어떤 분인가?)

교회에서 의문이나 고민을 솔직하게 나눌 수 있는 분위기가 있나요? (예: 함께 성경을 읽을 때, "저는 이런 생각이 들었어요"라고 먼저 말해보기)

이번 주 예배에서 말씀을 들은 후, 질문 하나를 메모장에 적고, 나중에 하나님과 대화해 보세요.

워크북 2장 《말은 남고 본질은 잃어가는 교회》
"복음은 말이 아니라, 삶으로 전해져요."

함께 생각해 볼 질문
나는 혹시, 복음을 말로만 전하고 있지는 않나요?
사람들이 나를 보며 하나님의 마음을 느낄 수 있을까요?
내 신앙은 지금 누군가에게 본이 되고 있을까요?

1. 복음이 드러난 순간 – "그때 나는 어떻게 했을까?"
복음이 삶으로 드러난 경험
어떤 순간엔, 말보다 내 태도와 내 표정이 더 많은 걸 전해줘요. 하나님은 우리가 복음을 살아내길 원하신다.

마주보는 신앙(상호작용의 원리) 활동
최근에 내가 "아, 이건 하나님이 기뻐하시는 행동이었겠다."혹은 "내가 복음처럼 살았던 순간"이라고 느꼈던 일이 있다면 떠올려보세요.
그때 나는 어떤 마음이었나요?
나는 무슨 행동을 했고, 어떤 말을 했나요?
주변 사람들은 그 모습을 보고 어떤 반응을 보였나요?

2. 복음과 내 말 사이 거리 좁히기 – "판단 잠깐 멈추기"
말보다 삶으로 증명하는 신앙

"그건 틀렸어." "그건 죄야." 이런 말보다, 삶에서 나오는 사랑과 정직함, 온유함이 더 큰 복음을 전할 때가 있다.

가림막 걷어내기(괄호치기의 원리) 활동
문장을 완성해 보세요.
나는 종종 ( ) 때문에, 복음을 삶으로 살아내기 보다는 말로만 전하려 해요. (예: 바쁨, 지적하려는 마음, 옳고 그름에 대한 강박)
나는 복음을 ( ) 으로 좁게 이해하고 있었어요. (예: 교회 다니는 것, 성경 많이 아는 것, 전도하는 것만)
말과 삶 사이에 간격이 생기는 이유는 ( ) 때문이에요. (예: 내 안의 두려움, 삶과 믿음의 분리, 변화에 대한 저항감)

3. 복음으로 살아보기 – "한 걸음의 루틴 만들기"
복음의 본이 되는 매일 습관 만들기
하나님은 완벽한 삶보다, 복음을 기억하며 실천하려는 마음을 귀하게 여기신다.

새로운 걸음 만들기(재구성의 원리) 활동
나만의 복음 실천 루틴 만들기
오늘 내가 복음을 삶으로 보여줄 수 있는 태도나 행동 1가지를 적어보세요. (예: 누군가에게 먼저 미안하다고 말하기, 친절한 말 한마디 건네기)

실천한 뒤, 내가 느낀 것과 사람들의 반응을 간단히 적어보세요. (예: "처음엔 어색했지만, 마음이 따뜻해졌어요")

한 주가 지나고 나면, 이 실천이 내 삶에 어떤 변화를 만들었는지 돌아보세요. (예: "내가 좀 더 부드러워졌어요", "하나님과 가까워진 기분이에요")

4. 한 주 실천해 보기

이번 주, 말이 아닌 행동으로 복음을 보여줄 수 있는 한 가지를 정하고 실천해 보세요. (예: 도와달라는 말이 없어도 먼저 행동하기, 뒤에서 칭찬하기)

교회 안에서 말보다 행동으로 신앙을 보여준 사람을 한 명 떠올려보세요. 그 사람에게서 본받고 싶은 태도는 무엇인가요? 한 주간의 경험을 돌아보며, 복음을 삶으로 전했던 순간들을 기록해 보세요.

워크북 3장 《신앙은 여정이다》

"하나님은 우리가 정답을 말하기보다, 함께 걸어가길 원하신다."

함께 생각해 볼 질문

나는 신앙을 항상 정답을 맞히는 일처럼 여기진 않았나요?

내 믿음은 지금 어떤 계절을 지나고 있을까요? (예: 기쁨의 봄, 기다림의 겨울, 혼란의 가을, 성장의 여름…)

하나님의 응답이 보이지 않을 때, 나는 그분과의 관계를 어떻게 이어가고 있나요?

1. 정답이 아니라 여정 – "함께 걸어가는 믿음"

여정처럼 느껴졌던 순간 떠올리기

어떤 때엔 믿음이란 알아가는 길, 함께 걷는 길 그리고 때로는 기다리는 길이다.

마주보는 신앙(상호작용의 원리) 활동

최근에 "아, 신앙이란 게 이런 거구나…" 하고 느꼈던 순간이 있었나요?

그때 나는 어떤 감정이 들었나요? (예: 외로움, 위로, 막막함, 감사, 두려움)

나는 어떤 모습으로 하나님과 함께 있으려 했나요? (예: 계속 기도함, 그냥 침묵 속에 머무름, 성경을 펼쳐봄)

그 시간은 내 신앙에 어떤 변화나 질문을 남겼나요?

2. 여정이 멈추는 순간 - "괄호로 묶는 연습"
내가 신앙을 멈추는 순간 돌아보기
우리는 종종 '이게 아닌가봐' 하며 걸음을 멈춰버리곤 한다. 하지만 멈춤도 여정의 일부일 수 있다.

가림막 걷어내기(괄호치기의 원리) 활동
문장을 완성해 보세요.
나는 종종 ( ) 때문에, 믿음의 길을 잠시 멈춰요. (예: 기대가 무너졌을 때, 기도가 응답되지 않을 때)
나는 신앙을 ( )처럼 완벽해야 하는 것으로만 생각했어요. (예: 의심이 없어야 하고, 늘 확신만 있어야 하는 것처럼)
응답이 없을 땐, ( ) 때문에 흔들리거나 불안해져요. (예: 내가 잘못한 건 아닐까?, 하나님이 멀리 계신 건 아닐까?)

3. 다시 걷기 - "나만의 신앙 리듬 만들기"
오늘의 여정을 돌아보는 시간 만들기
여정에는 멈춤, 다시 시작, 뒤돌아보기가 있다. 그 모든 순간에 하나님은 함께 하시는 분이시다.

새로운 걸음 만들기(재구성의 원리) 활동
하루 5분, 나의 신앙 여정 기록하기
오늘 내가 믿음 안에서 겪은 일 한 가지를 적어보세요. (예: 걱정했지만

하나님께 맡겼던 순간, 예배 중 들려온 말씀)
오늘 하루 중 하나님이 나와 함께 하신 것처럼 느껴졌던 순간은 언제였나요?
하루를 마치며, 하나님께 고백해 보세요. "하나님, 오늘도 함께 걸어주셔서 감사합니다. 내일도 함께 걸어요."

4. 한 주 실천해 보기
지금 내 신앙에서 가장 마음에 걸리는 질문 하나를 정하고, 한 주간 깊이 묵상하거나 글로 써보세요.
(예: 왜 기다림이 필요할까?, 믿음이란 뭘까?)
요즘 답이 없어 보여 힘들어하는 사람이 있다면, 함께 있어주는 작은 섬김을 해보세요. (예: "당신 곁에 하나님도, 저도 있어요")

이번 한 주간, 내 삶 속에서 "신앙은 정답이 아니라 동행이구나" 하고 느껴졌던 순간을 하나씩 기록해 보세요.

워크북 4장 《진실함의 자리 – 하나님 앞에서, 사람 앞에서》
"하나님은 우리가 진짜 마음으로 다가오길 원하신다."

함께 생각해 볼 질문
나는 하나님 앞에서 내 진짜 감정과 생각을 말하고 있나요?
사람들 앞에서 나는 얼마나 솔직하게 살아가고 있나요?
내가 속한 공동체는 정직한 이야기, 눈물, 고백을 받아주는 곳인가요?

1. 마음을 드러낸 순간 – "진짜 나로 있었던 때"
솔직한 마음을 나눈 경험 돌아보기
우리는 자주 '괜찮은 척'하지만, 진짜 나를 꺼냈을 때 비로소 관계가 시작되기도 한다. 하나님 앞에서도, 사람 앞에서도 진심은 힘이 있다.

마주보는 신앙(상호작용의 원리) 활동
최근에 내가 솔직하게 마음을 털어놨던 순간이 있었나요?
누구에게, 어떤 이야기를 나누었나요?
그때 어떤 감정이 들었나요? (예: 후련함, 눈물, 두려움, 안도감)
그 솔직함을 나눈 이후에 나 자신이나 상대방에게 어떤 울림이나 변화를 주었나요?

2. 진실함을 막는 벽 – "왜 감추고 있었을까?"
진심을 감추게 만드는 내 마음의 벽 들여다보기

우리는 때때로 사람의 시선이 두렵거나 상처받을까 봐 걱정되거나 또는 신앙인은 이래야 한다는 이미지 때문에 진짜 감정을 숨기곤 한다.

가림막 걷어내기(괄호치기의 원리) 활동
문장을 완성해 보세요.
나는 종종 (　) 때문에 내 감정을 감춰요. (예: 실망시킬까봐, 너무 약해 보일까봐)
하나님 앞에서도 (　)으로 나를 포장하고 있었어요. (예: 괜찮은 척, 기도 열심히 하는 척, 항상 감사한 척)
공동체 안에서 (　) 때문에 솔직하게 나누는 게 망설여져요. (예: 판단 받을까봐, 나만 부족한 사람처럼 보일까봐)

3. 진실함의 작은 연습 – "솔직하게 살아보기"
진심을 표현하는 일상의 습관 만들기
진실함은 하루아침에 만들어지지 않는다. 작은 고백과 매일의 진실한 마음, 그리고 하나님 앞에서 있는 그대로의 모습으로부터 시작된다.

새로운 걸음 만들기(재구성의 원리) 활동
이번 주, 진심을 담은 실천 하기
오늘 하루, 하나님께 정직하게 털어놓은 내 마음을 적어보세요. (예: 두려워요, 화가 나요, 외로워요, 도와주세요)
오늘 누군가에게 솔직하게 나눈 말이나 감정을 기록해 보세요. (예:

"요즘 좀 힘들어요", "사실 속상했어요")
한 주가 끝날 때, 진실하게 살기로 한 나의 작은 선택들이 관계에 어떤 변화를 만들었는지 돌아보세요.

4. 한 주 실천해 보기
하나님 앞에 아직 말하지 못한 내 마음 한 가지를 기도로 솔직하게 드려보세요.
공동체 안에서 내가 진심으로 나누고 싶은 이야기 하나를 정하고, 그 나눔을 시도해 보세요. (예: "요즘 제 마음은 이래요…")
한 주간 진실함이 사람들과의 관계에 준 영향을 일기나 메모로 기록해 보세요. (예: 상대방이 마음을 더 열어주었어요. 내가 숨지 않아도 된다는 걸 알았어요.)

워크북 5장 《머물 수 있는 교회 – 존재를 환대하는 공간》
"당신이 있어 참 반갑습니다. 그대로 있어도 괜찮아요."

함께 생각해 볼 질문
나는 지금, 교회 안에서 있는 그대로의 나로 머무르고 있나요?
우리 공동체는 서로를 환영하고 따뜻하게 맞이하는 분위기인가요?
나는 새로 온 사람, 낯선 사람, 소외된 사람에게 먼저 다가가는 용기와 따뜻함을 실천하고 있나요?

1. 따뜻하게 맞이하거나 환대받았던 순간
내가 환대했던 순간, 환대받았던 순간
"네가 여기 같이 있어서 좋아."누군가 이렇게 말해줬던 적이 있나요? 혹은 나도 누군가에게 그렇게 해본 적이 있나요?

마주보는 신앙(상호작용의 원리) 활동
내가 누군가를 따뜻하게 맞이했거나, 또는 누군가에게 그렇게 환대받았던 순간을 떠올려보세요. 그때 나는 어떤 감정을 느꼈나요?
(예: 편안함, 기쁨, 안도감, 울컥함)
그 경험이 내 마음과 공동체 분위기에 어떤 영향을 주었나요? (예: 마음이 열렸고, 예배가 더 살아났어요)

2. 따뜻함을 막는 내 마음의 거리

내가 만든 거리, 혹은 느꼈던 거리

때로는 무의식중에 낯선 사람을 피하거나, 익숙한 사람끼리만 어울리려는 경향이 있다. 그런 마음의 벽을 한번 들여다보자.

가림막 걷어내기(괄호치기의 원리) 활동

문장을 완성해 보세요.

나는 종종 ( ) 때문에 낯선 사람을 따뜻하게 맞이하지 못해요. (예: 어색할까봐, 뭘 말해야 할지 몰라서)

나는 ( )이라는 편견 때문에 어떤 사람들과 거리감을 느껴요. (예: 외모, 직업, 말투, 성격, 신앙 수준)

나는 공동체 안에서 ( ) 때문에 환영받지 못한다고 느꼈던 적이 있어요. (예: 조용한 성격, 특별한 관계 없음, 오래된 멤버 아님)

3. 하루 한 번 따뜻한 시선 보내기

환대의 작은 습관 만들기

환대는 특별한 일이 아니다. 눈을 마주치고, 미소 짓고, 먼저 인사하고, 이름을 기억해 주는 것, 그것이 하나님 나라의 시작이다.

새로운 걸음 만들기(재구성의 원리) 활동

매일 하나씩 환대 실천하기

오늘, 내가 따뜻하게 말을 건 사람이나 열린 마음으로 다가간 순간을 적어보세요. (예: "처음 뵙죠? 반갑습니다"라고 말한 순간)

공동체 안에서 소외된 사람이나 낯선 사람에게 관심을 표현했던 순간을 기억해 보세요. (예: 옆자리에 앉아줌, 눈 마주치며 웃어줌, 먼저 말을 걸어줌)

하루를 마치며, 그 작은 환대가 내 마음에 어떤 기쁨을 주었는지 적어 보세요. (예: 내가 더 사람을 따뜻하게 보게 되었어요.)

4. 한 주 실천해 보기

이번 주 교회 안에서 혼자 있는 사람, 잘 섞이지 못하는 사람 한 명을 정해서 그 사람에게 작은 환대의 행동을 실천해 보세요. (예: 이름을 불러주기, 옆에 앉기, 커피 권하기)

내가 지금까지 놓치고 있던 환대의 태도는 무엇인가요? 그것을 적고, 이번 주에 의식적으로 훈련해 보세요. (예: 눈 피하지 않기, 말 먼저 걸기)

한 주 동안 환대와 수용이 공동체에 어떤 변화를 주었는지 일기나 나눔 시간에 정리해 보세요. (예: 분위기가 더 따뜻해졌어요. 나도 편해졌어요.)

워크북 6장 《흘러가는 믿음 – 하나님 나라를 드러내는 삶》
"믿음은 멈춰 있는 게 아니라, 흘러가는 것이다."

함께 생각해 볼 질문

나는 지금 믿음을 어떻게 살아내고 있나요?

혹시 내 신앙은 교회 안에서만 머물고 있지는 않나요?

하나님 나라는 내가 사는 일상 속 어디에서 보이고 있나요? (예: 직장에서, 가정에서, 습관 속에서)

1. 믿음이 삶으로 드러난 순간 – "신앙이 흘러갔던 때"

믿음이 행동이 되었던 순간 돌아보기

믿음은 마음속 생각이 아니라, 삶으로 흘러나오는 것입니다. 내가 믿는 것을 누군가가 느낄 수 있었던 순간이 있었나요?

마주보는 신앙(상호작용의 원리) 활동

최근 내가 믿음을 행동으로 보여줬던 순간을 떠올려 보세요.

그때 나는 어떤 마음이었고, 주변 사람들은 어떤 반응을 보였나요?

그 순간에 하나님 나라가 어떻게 드러났다고 느꼈나요? (예: 누군가 위로받았고, 내가 평안을 느꼈어요.)

2. 믿음의 흐름을 막는 내 안의 장벽

왜 믿음을 실천하지 못할까?

때로는 두려움, 눈치, 익숙함이 믿음의 흐름을 막는 벽이 되곤 한다. 그 벽을 바라보고, 잠시 괄호로 묶어본다.

가림막 걷어내기(괄호치기의 원리) 활동
문장을 완성해 보세요.
나는 종종 ( ) 때문에 믿음을 행동으로 옮기지 못해요. (예: 귀찮음, 피곤함, 다른 사람 반응)
나는 ( )에 대한 시선이나 상황이 두려워 믿음을 감춰요. (예: 직장 사람들 눈치, 가족의 비난)
나는 하나님 나라를 말하지만, ( )에서는 전혀 살아내지 못하고 있어요. (예: SNS에서는, 운전할 때는, 돈 문제에서는)

3. 매일 믿음 한 스푼 흘려보내기
하나님 나라의 작은 흔적 남기기

하나님 나라는 거창한 일이 아니라, 작은 친절, 작은 용서, 작은 배려에서 시작된다. 하루에 한 번, 작은 흔적을 남겨보세요.

새로운 걸음 만들기(재구성의 원리) 활동
오늘의 '흘러간 믿음' 기록하기
오늘 내가 믿음으로 베푼 친절이나 배려는 무엇인가요? (예: 무거운 문 열어주기, 따뜻한 말 한마디)
나의 신앙 여정을 지켜본 사람들은 어떤 마음을 품게 되었을까요?

하루를 마무리하며 묵상해 보세요.
"오늘 나의 믿음은 누구에게, 어떻게 전해졌을까?"

4. 한 주 실천해 보기
이번 주간, '하루 한 번 하나님 나라 흘려보내기'를 실천해 보세요. (예: 거리에서 쓰레기 줍기, 가족에게 먼저 말 걸기, 불편한 사람에게 먼저 인사하기)
믿음이 삶 속에서 드러났던 순간들을 짧은 글이나 일기 형식으로 모아 보세요. (예: "이날 이런 행동이 참 따뜻했다")
교회 안에만 있던 믿음에서 벗어나 교회 밖, 평소의 삶에서 내가 실천할 수 있는 하나님 나라의 모습 한 가지를 정해보세요. 그 경험을 다음 주 소그룹이나 친구와 나눠보세요. (예: "사실 내가 이런 걸 시도했는데 이런 일이 있었어요")

워크북 7장 《공감의 신앙 – 함께 아파하는 교회》
"하나님 나라는 함께 아파하는 사랑 속에 있다."

함께 생각해 볼 질문
나는 다른 사람의 아픔에 얼마나 진심으로 공감하고 있나요?
내가 속한 공동체는 서로의 상처를 안전하게 나눌 수 있는 곳인가요?
나는 누군가의 고통을 외면하거나 판단한 적은 없나요?

1. 함께 아파했던 순간 – "진정한 공감을 경험한 때"
누군가와 마음으로 함께했던 경험 돌아보기
 진정한 공감은 해결책을 주는 것이 아니라, 그 사람의 자리에 함께 앉아주는 것입니다. 내가 누군가와 진심으로 함께 아파했거나, 누군가 나와 함께 아파해준 경험이 있나요?"

마주보는 신앙(상호작용의 원리) 활동
최근에 내가 누군가의 아픔에 진심으로 공감했던 순간을 떠올려보세요.
그때 나는 어떤 마음이었고, 어떤 행동을 했나요?
상대방은 어떤 반응을 보였나요?
그 경험이 나와 상대방에게 어떤 변화를 가져다주었나요?

2. 공감을 막는 내 마음의 벽 – "왜 함께 아파하기 어려울까?"
공감하지 못하게 만드는 장벽들 들여다보기

때로 우리는 다른 사람의 아픔 앞에서 불편함을 느끼거나, 빨리 해결해 주려고만 합니다. 또는 "그 정도는 견딜 수 있잖아"라며 판단하기도 합니다. 무엇이 진정한 공감을 막고 있을까요?

가림막 걷어내기(괄호치기의 원리) 활동
문장을 완성해 보세요.
나는 종종 ( ) 때문에 다른 사람의 아픔에 깊이 공감하지 못해요. (예: 바쁨, 불편함, 내 문제도 많아서)
나는 ( )라는 생각 때문에 상대방을 판단하게 돼요. (예: 믿음이 부족해서, 노력이 부족해서)
우리 공동체는 ( ) 때문에 서로의 상처를 나누기 어려운 분위기예요. (예: 겉으로만 괜찮은 척하는 문화, 판단하는 시선)

3. 오늘 누구와 함께 아파할까? - "공감의 작은 실천"
일상에서 공감하는 마음 키우기
공감은 거창한 것이 아닙니다. 상대방의 말을 끝까지 들어주고, 성급하게 조언하지 않고, "힘들었겠어요"라고 마음을 알아주는 것부터 시작됩니다.

새로운 걸음 만들기(재구성의 원리) 활동
오늘 내가 누군가의 이야기를 진심으로 들어준 순간을 기록해보세요.
조언이나 해결책 대신 "함께 있어줌"을 선택했던 순간은 언제였나요?

하루를 마치며 묵상해 보세요. 오늘 내가 함께 아파해준 사람은 누구였을까?

4. 한 주 실천해 보기

깊이 듣기 연습: 이번 주 누군가 어려운 이야기를 할 때, 조언하려 하지 말고 끝까지 들어보세요. 그리고 "힘들었겠어요" 한마디로 마음을 알아주세요.

함께 있어 주기: 주변에서 힘든 시간을 보내고 있는 사람 한 명을 정하고, 그 사람과 함께 시간을 보내보세요. 특별한 말이 필요 없습니다. 그냥 함께 있어 주는 것만으로도 충분합니다.

공감 일기: 한 주 동안 내가 누군가와 함께 아파했던 순간들, 그리고 누군가 나와 함께 아파해준 순간들을 간단히 기록해 보세요. 그 경험들이 나와 관계에 어떤 변화를 가져왔는지도 함께 적어보세요.

워크북 8장 《은혜의 시선 – 있는 그대로 바라보는 믿음》

"하나님은 나를 판단이 아닌 사랑으로 보신다. 그리고 우리도 그렇게 서로를 바라볼 수 있다."

함께 생각해 볼 질문
나는 다른 사람을 있는 그대로 바라보는 훈련을 하고 있나요?
나는 내 자신을 비난하기보다 은혜로 바라보고 있나요?
내가 속한 공동체는 서로를 판단 없이 품는 공간인가요?

1. 은혜의 시선을 경험한 순간
누군가가 나를 있는 그대로 받아준 기억
누군가 조건 없이 나를 받아줬던 순간은 쉽게 잊지 못한다. 그 한 사람의 시선이 내 인생에서 회복의 시작이 되기도 한다.

마주보는 신앙(상호작용의 원리) 활동
과거에 누군가 나를 있는 그대로 받아줬던 순간을 떠올려 보세요.
그때 나는 어떤 감정을 느꼈나요? (예: 편안함, 눈물, 놀람, 고마움)
그 시선이 나에게 어떤 변화를 주었나요? (예: 마음이 열림, 자존감 회복, 상처 치유)
지금 나는, 누군가에게 그런 시선을 주고 있나요?

2. 내 안의 판단하는 시선 마주보기

왜 나는 사람을 있는 그대로 보지 못할까?

은혜의 시선은 멈추고 바라보는 연습이다. 때로는 나도 모르게 판단의 눈을 갖고 있는 나를 볼 필요가 있다.

가림막 걷어내기(괄호치기의 원리) 활동
문장을 완성해 보세요.
나는 종종 ( ) 때문에 타인을 있는 그대로 바라보지 못해요. (예: 외모, 말투, 첫인상, 이전 경험)
나는 ( )이라는 기준 때문에 스스로를 비난하거나 다른 사람과 비교할 때가 있어요. (예: 성과, 신앙 연수, 가정환경)
나는 ( )이라는 시선이 무서워 공동체 안에서 내 모습을 감추거나 위축될 때가 있어요. (예: 평가, 비난, 소문)

3. 오늘 하루, 은혜의 시선을 실천하기
한 사람에게라도 따뜻한 눈으로 보기
하나님은 지금 이 순간도 우리를 "충분히 귀하고 아름답다"라는 시선으로 보고 계시다. 우리도 누군가를 그렇게 바라볼 수 있다.

새로운 걸음 만들기(재구성의 원리) 활동
오늘 실천해 볼 은혜의 시선
누군가를 판단하기 전에, 그 사람이 처한 상황이나 마음을 상상해 보세요. (예: "저 사람도 무언가를 견디고 있는 중이겠지…")

나에게 실망을 주었거나, 상처를 준 사람을 위해 기도하거나 긍휼의 눈으로 바라보는 연습을 해보세요.
오늘 거울 앞에 서서, "괜찮아, 잘하고 있어"라고 스스로에게 말해 주세요. (예: 하나님의 눈으로 나를 다시 받아들이기)

4. 한 주 실천해 보기
이번 주간, 사람들을 있는 그대로 바라보기를 연습하고, 그 순간들을 짧게 메모로 남겨보세요. (예: "어색함이 묻어나는 새 가족에게 웃으며 인사했다")
과거 공동체 안에서 상처 받았던 경험을 떠올려보고, 지금은 그 상황을 어떻게 이해하는지 적어보세요. (예: "그땐 무시당한 줄 알았지만, 지금은 내가 성장했음을 안다")
가족, 친구, 교회 지체 중 한 사람을 정해, 그 사람을 있는 그대로 받아주는 눈빛과 말을 실천해 보세요.
하루에 한 번, 거울 앞에 서서 자신을 하나님의 시선으로 바라보며 하루를 시작해보세요. (예: "하나님은 오늘도 나를 사랑으로 바라보신다")

워크북 9장 《광야에 선 신앙 – 이긴 싸움을 살아내는 삶》

"광야는 끝이 아니라, 복음을 살아내는 훈련의 시작이다."

함께 생각해 볼 질문

나는 지금 복음을 살고 있나요, 아니면 이론으로만 말하고 있나요?

내가 지나온 광야 같은 시기, 그 속에서 복음은 나에게 어떤 빛이었나요?

내가 이미 이겨낸 싸움이 있다면, 지금 다시 그 믿음을 살아내야 할 이유는 무엇일까요?

1. 지쳤던 시간 속 복음의 빛

광야에서 복음을 느꼈던 순간

우리가 가장 힘들었을 때, 복음은 때로 사람의 손길이나, 조용한 말씀으로, 또는 한 마디의 위로로 찾아왔을지도 모른다.

마주보는 신앙(상호작용의 원리) 활동

외롭고 지쳤던 순간, 나에게 복음처럼 다가온 경험을 떠올려보세요.

그때 복음은 어떤 모습이었나요? (예: 누군가의 따뜻한 말, 찬양 한 구절, 묵상 중 눈물)

나는 어떤 태도로 그 시간을 버티고, 또는 지나왔나요?

내가 누군가에게 위로나 힘이 되어준 순간이 있었나요?

그 경험이 공동체에 어떤 영향을 주었나요?

2. 복음을 막는 내면의 가시떨기들

복음을 가리게 하는 마음의 벽

상처, 실망, 피로감… 때때로 우리는 복음을 입으로는 말하지만, 삶으로는 감추려 할 때가 있다.

가림막 걷어내기(괄호치기의 원리) 활동

문장을 완성해 보세요.

나는 종종 ( ) 때문에 복음의 진짜 모습을 드러내지 못해요. (예: 사람들의 시선, 낙심, 회의감)

( )라는 상처나 실망 때문에 복음을 말하거나 나누는 것이 두렵거나 꺼려질 때가 있어요.

나는 복음을 ( )처럼 무겁고 어렵게 여긴 적이 있어요. (예: 부담, 의무, 지켜야 할 규칙)

이런 마음들이 바로 내가 지나고 있는 '광야' 일 수 있다.

3. 광야에서 다시 시작하는 복음의 삶

하루 1분 복음을 살아내기

광야는 '복음을 외우는 시간'이 아니라, 복음을 몸으로 익히는 시간이다. 작지만 진짜인 행동 하나가, 오늘의 복음을 보여줄 수 있다.

새로운 걸음 만들기(재구성의 원리) 활동

작고 구체적인 실천 만들기

오늘 하루 중, 복음을 행동으로 보여준 순간이 있었다면 떠올려보세요. (예: 용서, 인내, 섬김, 침묵)
그 순간을 돌아보며 나는 오늘 복음과 함께 걸었는가? 스스로에게 물어보세요. 복음을 자연스럽게 흘려보내는 습관을 하나 정해보세요. (예: 하루에 한 번 축복의 말 건네기, 내 감정보다 상대 먼저 이해하기)

4. 한 주 실천해 보기
이번 주, 내 표정·말·선택 속에 복음을 담아내는 실천 3가지를 적고 실천해 보세요. (예: 짜증 날 때 부드러운 말 하기, 불편한 사람에게 먼저 다가가기)
나의 연약함이나 상처 속에서도, 복음을 나눌 수 있는 작은 시도를 해보세요. (예: 내가 겪은 아픔을 짧게 나누며 누군가 위로하기)
내가 광야에서 배운 것, 깨달은 것을 공동체에 나눌 수 있도록 짧은 글이나 나눔으로 준비해 보세요. (예: "제가 겪은 이 시기는 이런 복음을 가르쳐주었어요")

워크북 10장 《다시, 거울 앞에 서다 – 성찰에서 실천으로》

"진짜 사후비평적 성찰은, 멈추는 데서 끝나지 않고 다시 걸어가는 것이다."

함께 생각해 볼 질문
나는 평소에 '거울 앞에 서는 시간',
즉 스스로를 돌아보는 시간을 정기적으로 갖고 있나요?
내 성찰은 실천으로 이어지고 있나요,
아니면 감정적인 회상에만 머물고 있지는 않나요?
지금 내 삶은 하나님이 원하시는 방향을 따라가고 있나요?

1. 거울 앞에서 진짜 나를 본 순간
나 자신을 정직하게 마주했던 기억
거울 앞에 서면 우리는 겉모습을 보지만, 믿음 안에서는 마음의 얼굴을 보게 된다.

마주보는 신앙(상호작용의 원리) 활동
최근에 내가, 나 자신을 정직하게 돌아보았던 순간이 있다면 떠올려보세요. 그때 나는 무엇을 보았고, 어떤 마음이 들었나요? (예: 후회, 용기, 눈물, 결심, 안도)
그 성찰 이후에 내 마음이나 행동에 어떤 변화가 있었나요?
그 이후, 나는 무엇을 새롭게 실천했나요?

2. 성찰이 실천으로 이어지지 않는 이유
나를 멈추게 하는 착각 찾아보기
어떤 때는, 돌아보는 것만으로 충분하다고 착각할 때가 있다. 하지만 성찰은 변화의 시작점이 되어야 한다.

가림막 걷어내기(괄호치기의 원리) 활동
문장을 완성해 보세요.
나는 자주 (　)때문에 성찰을 피하거나 미루게 됩니다. (예: 바빠서, 감정이 복잡할까 봐, 이미 알 것 같아서)
나는 성찰을 (　)로 오해하고 있었어요. (예: 자기비판, 과거에만 머무는 것, 죄책감)
성찰이 실천으로 이어지지 않는 이유는 (　) 때문이에요. (예: 구체적인 계획이 없어서, 다시 실패할까 봐, 환경이 변하지 않아서)

3. '거울 앞에 서는 삶' 만들기
나만의 성찰 루틴 만들기
진짜 성찰은 하루 5분의 멈춤과 한 걸음의 움직임에서 시작된다.

새로운 걸음 만들기(재구성의 원리) 활동
오늘의 성찰 루틴 실천하기
하루 중 단 5분이라도, '거울 앞에 서는 시간'을 정해보세요. (예: 아침 기도 후, 자기 전 조용한 시간 등)

말씀 묵상이나 기도 후, 스스로에게 던질 질문 3개를 적어보세요. (예: "오늘 나는 사랑했는가?", "회피한 건 없었는가?")

오늘 내가 살아내야 할 신앙의 단어를 한 개 정해보세요. (예: 용서, 정직, 온유, 감사)

하루를 마무리하며, 이렇게 물어보세요. "오늘 나는 어떻게 살아냈는가?"

4. 한 주 실천해 보기

최근 내가 질문하지 않았던 신앙 주제 하나를 정해 한 주간 깊이 묵상해 보세요. (예: 나는 왜 예배를 드리는가?, 나는 누구를 품고 있는가?)

내가 속한 공동체에서 서로 질문하고 고민을 나눌 수 있는 분위기를 만들기 위해 내가 할 수 있는 작은 시도를 해보세요. (예: "여러분은 어떻게 느끼셨어요?"라고 묻는 습관)

설교 말씀을 들은 후, 최소 한 가지 질문을 기록하고 그에 대한 나의 생각과 반응을 정리해 보세요. (예: "왜 나는 이 말씀 앞에서 불편했을까?")

- 가장 인상 깊었던 깨달음은 무엇인가요?
- 앞으로도 계속하고 싶은 실천이 있다면 무엇인가요?
- 나의 신앙에서 '22°'는 어떤 의미가 되었나요?

에필로그

거울을 닦는 사람들

누군가 말했습니다. "신앙은 거울을 마주보는 용기이고 사랑은 그 거울에 묻은 먼지를 닦아주는 일"이라고 합니다.

이 책은 그저 '무언가를 가르치려는 책'이 아닙니다. 오히려 당신과 함께 거울 앞에 조용히 앉아 긴 시간 눈을 마주 보며 침묵했던 순간들로 가득한 책입니다. 당신은 그 침묵을 견뎠고 자신의 눈동자 속에서 무언가를 봤을 것입니다. 울고 있는 당신, 웃고 있는 당신, 도망치고 싶었던 당신, 그러나 여전히 하나님의 눈으로도 사랑받고 있는 당신…

하나님 나라는 먼 곳에 있는 이상이 아닙니다. 그것은 오늘 아침, 내가 깨어 다시 살아갈 이유를 하나님 안에서 찾는 삶입니다. 거기서부터 하나님 나라는 시작됩니다.

이제 나는 질문을 품은 채 이 여정을 마무리하려 합니다. 사후비평적 성찰은 단순한 기술이나 사고의 방식이 아니라 신앙을 살아내기 위한 태도입니다. 누군가의 말에만 의지하지 않고 나의 삶을 통해 다시 묻고, 듣고, 다시 살아내려는 몸짓입니다.

신앙은 거창한 헌신이 아니라 매일을 살아가는 방식입니다. 아침에 눈을 떴을 때 오늘을 살아야 할 이유를 하나님 안에서 떠올릴 수 있다면 그것이 신앙입니다. 누군가의 말보다 내 마음의 소리에 귀 기울이며 말씀을 묵상할 수 있다면 그것이 믿음입니다. 서툴지만 내 삶의 자리를 정직하게 바라보고 "지금 나는 어디쯤 와 있는가?"를 묻는다면 그 순간이 바로 하나님 나라의 시작입니다.

사후비평적 성찰은 신앙을 삶과 연결하는 다리입니다. 설교가 끝난 후의 침묵 속에서 예배가 끝난 후의 골목길에서 질문이 피어나고 감정이 지나가며 하나님은 우리 안에서 말씀하시기를 멈추지 않으십니다. 신앙은 누군가에게 보이기 위한 것이 아니라 내가 하나님 앞에서 나 자신을 어떻게 살아내는가에 대한 여정입니다.

진짜 신앙은 말이 아니라 시선이며 정답이 아니라 정직함이며 무엇보다도 다시 거울 앞에 서는 반복의 용기라는 것을 알았습니다. 그래서 사후비평적 성찰은 종착점이 아니라 출발점입니다.

신앙은 그렇게 오늘도 시작됩니다. 나는 이 책을 통해 집 나간 무엇인가가 다시 돌아오기를 바랍니다. 그것이 사랑이든, 용서든, 믿음이든 그리고 그 귀향이 단 한 사람의 마음에서 시작된다면 이 책은 이미 하나님 나라의 작은 다리가 되었으리라 믿습니다.

하나님은 지금도 묻고 계십니다. "네가 어디에 있느냐?" 그 질문은 비난이 아니라, 당신을 찾으시는 사랑의 언어입니다. 흐려진 거울 앞에서라도 다시 살아내려는 당신을 기다리고 계십니다. 그래서 괜찮습니다. 그 고백이면 충분합니다. 그 한숨이면 다시 시작할 수 있습니다.

세상은 완벽한 믿음을 가진 사람이 아니라 진실하게 다시 서려는 사람을 통해 바뀝니다. 그리고 그 사람이 당신이기를 진심으로 사랑하고 축복합니다.